Yeni Edisyon

HALLAC-I MANSUR

Ene'l Hakk Gizli Öğretisi

VELİLER SERİSİ 1

I0162354

Kevser Yeşiltaş

Designed, Published and Distributed by Bookcity.Co
www.bookcity.co

Bookcity.Co

ISBN: 978-1-912311-10-1

Hakk Gönüllere...

İçindekiler

ENE'L HAKK

Sunuş

Bu kitapta anlatılanlar, 900'lü yıllarda Hallac-ı Mansur tarafından söylenen, ancak anlaşılamayan, anlaşılamadığı için de farklı yorumlanan, dünyanın birçok yerine yayılmış ve ünlenmiş "I am the Truth, Ene'l Hakk, Ana'l Haqq, Ben Hakk'ım" sözünün açıklamasıdır.

Tüm zamanlara vurulmuş mühür niteliğini taşır. Ve bu söz üzerine henüz bir söz söylenememiştir.

Ben Hakk'ım!

Kuantum Felsefesi ve Düşünce tarihinin neredeyse temelini oluşturan, Kuantum Fiziği ile birbirini tamamlayan bir kelimedir.

Yüzeysel anlamından çok daha derin bir mana içerir.

Bu yüzden, Ene'l Hakk sözü, hem dini, hem tasavvufi, hem de bilimsel bir ifadedir.

Bu kitapta, Ene'l Hakk manasının derin açıklamaları yer almaktadır.

ENE'L HAKK

Hallac-ı Mansur, **Ene'l Hakk** dedi ve tüm zamanlara sesini duyurdu. Ve sesi, bizim gönlümüzde de yankılandı. Kitabın her satırında, Hallac-ı Mansur'un sesini duyacaksınız.

O sese kulak verin. Size çok şey söyleyecek.

Kevser Yeşiltaş 2017

Giriş

Henüz on iki yaşlarımdayken, İzafiyet Teorisinin işleyişini çözmüş biriydim. Albert Einstein hayranlığım vardı. Einstein'in Birleşik Alan Kuramı benim bilgi dağarcığıma çok katkı sağladı. Daha sonra Kuantum Fiziği ve Felsefesi üzerinde araştırmalarım oldu. Yıllar sonra Hallac-ı Mansur'un kitabını yazacağım sırada hissettiğim ilhamlar, aslında bir gerçeğe ışık tutuyordu: **Ene'l Hakk kavramı, Kuantum Kuramı ile örtüşüyor.**

Ben size, bu kitapta Hallac-ı Mansur'u ve felsefesini anlatacağım. Ve Kuantum Kuramı ile benzeştiği noktalara değineceğim.

Hakkında en az bilgi sahibi olduğumuz biridir Hallac-ı Mansur.

O, Ene'l Hakk dedi, tüm Âşıklara ışık oldu, bilinçlerden yükselen yeni bilgiler yağmur oldu, toprağa aktı. Bilinçler yeniden canlandı ve tüm varlıkları besledi.

Hallac-ı Mansur, felsefenin derinliğini kavradı ve parçaları birleştirdi. Yüksek ilmi ile kavramlara yeni anlam kattı. Çekirdeği kalbinden ayırdı, harmanladı, çöpü rüzgârlara savurdu, tohumu toprağa ekti. İşte o tohum her bilinçte yeniden şekillendi.

Herkes isminden tanımasa da, Ene'l Hakk diyen kişi dendiğinde hatıra gelen, tek kelimesi ile bir değil, kitaplar yazdıracak mana içeren bir anlayışa sahip, Âşk ve Hakk şehidi. Böyle bir insanın kitabını kaleme alma düşüncesi içinde iken, endişeliydim. Yazmaktan değil, layık olamama durumu idi bendeki durum.

Uyudum. Kaç kat geçtim bilmiyorum, her birinde bir odacık, her birinde bir odacık, en son bir oda, bağdaş kurmuş oturuyor Hallac-ı Mansur. Yanına gittim, yürüdüm mü süzüldüm mü bilemediğim bir hal içinde. "Yazmana izin veriyorum" dedi.

Ertesi sabah, kulağıma 3 defa fısıldayan bir ses işittim. "Benim ümmetim", "benim ümmetim", "benim ümmetim". Bu, İslâm Peygamberi Hz. Muhammed'in sesiydi. Onun sesi olduğuna o kadar emindim ki, kalbim bunu daima onayladı. Çünkü Nebimizin sesi taklit edilemez ve bir kesinlik içerir.

Kitabı yazmak toplam otuz gün sürdü. Tasavvuf konusunda hiç alt yapısı olmayan biriyim. Fakat buna rağmen zorlanmadığımı ifade etmek isterim. Çünkü rüyalarım boyunca Hallac-ı Mansur'un sesi ve kendisi, bir an olsun ruhumdan ayrılmadı.

Kitabı yazdıktan çok uzun yıllar sonra öğrendiğim kadarı ile Hallac-ı Mansur ile karşılaşan, ancak onun hakkında yazabilirmiş.

Zaten Hallac-ı Mansur hakkında yazılan ve Ene'l Hakk manasını açıklayan, dünya üzerinde çok az eser vardır.

Bu kitabı yazarken, naçizane, mistik bir yolculuğa çıktım. Hissettiğim her şeyi kaleme aldım ve yansıttım.

Kitabı henüz kaleme almadan evvel, karşılaştığım bir bilge, "Hallac-ı sen yazacaksın ve tüm dünya işitecek" demişti.

GİRİŞ

Kitaptan iki yıl sonra, Muhteşem Yüzyıl Hürrem dizisinin en can alıcı dört bölümünde, Ene'l Hakk kitabından bazı satırlar ve şiirler senaryoya dâhil edildi ve seslendirildi. Dünyanın otuzu aşkın ülkesinde gösterimde olan dizi ile beraber, o ülkelerin kendi dillerine çevrilerek hala işitilmektedir.

Hallac-ı Mansur kendi Kaynağından uzanıp, benim elimden tuttu. Onu derinden ruhumda hissettim. Bir ay kafatasımın içine hapsoldu ve orada bana gerçek Aşkı öğretti. Bunu asla inkâr edemem. En büyük Aşk üstadı Hallac-ı Mansur'dur ve ben O'nun gerçek sevgisine tanık oldum. Benim öğretmenim oldu Aşk.

🙢

Hallac-ı Mansur, kavramları sadece kavram olarak ortaya koyar ve bunları açıklamaz. Açıklama ve yorum kısmını, insanlara bırakır. Hallac-ı Mansur, rüyalarımda bu kavramları bana açıkladığı için sonsuz şükran duyuyorum. Kendisi izin vermeseydi, bu kitap yazılamazdı. Bu kitapta, bu kavramların açıklamalarını okuyacaksınız.

Kabul edersiniz ki, böyle bir sufiyi yazmak kolay değil. Mansur Felsefesini anlatmanın dışında, derinden ilhamlarımı ve içsel aktarımlarımı da bu kitapta bulacaksınız. İşte onlardan biri: **"Binler binleri eledim de kaldı iki, kolaysa seç birini, önümde beyazdan bir kapı, yoktur ne tokmağı ne kilidi, elimi uzattım olmadı, sordum "onu neyle açmalı?"**

Hayy'di, şimdi o kapıdan içeri birlikte girelim.

ENE'L HAKK

Hallac-ı Mansur'u Tanıyalım

Asıl adı Ebu'l Mugîs Hüseyn b. Mansûr el-Beyzâyî'dir. Mansur soyadı babasından gelmektedir. Hallac lakabı ise, bir arkadaşı ile yaşadığı sırlı bir olaydan dolayı kendisine lakap olarak verilmiştir. Mansur kelimesi ise, klişe kelimedir, semboldür ve derin mana içerir, Tanrı'ya kavuşma yolunda nihayete erenler için kullanılır. elMansuri ise, bu soydan gelenler içindir.

Hallac-ı Mansur için, gönüllerin sesini duyup açıkladığından dolayı "sırları pamuk gibi atan" manasında Hallâcü'l-esrâr da denmektedir. Hallaç pamuğu, Hallac-ı Esrar, Al-mucit, Al-Asrar, Al-Mukit, Al Can Hallac Al Asrar olarak da anılmıştır.

Beyza yakınlarında al-Tur'da doğdu. Hüseyin bin Mansûr'un büyük babası Mahamma adında bir zerdüştîdir. Buna, ana tarafından hazret-i Ebû Eyyûb'un neslinden geldiğini söyleyerek Ensârî de denilmiştir. Nesilden nesile aktarılanlar odur ki, daha küçükken, babasının, Dicle üzerinde Vasıt kasabasına geldiği ve Mansûr'un burada 12 yaşlarında Kur'an-ı Kerîm'i ezberlediği bilinmekle birlikte nerede ve nasıl bir tahsil gördüğü konusunda fazla bilgi ve yazılı bir kaynak yoktur.

ENE'L HAKK

20 yaşlarında Tüster'de Sehl b. Abdullah'tan, bir süre sonra Basra'da Amr b.Osman Mekkî'den tasavvufun inceliklerini öğrendi. Daha sonra Mekke'ye gitti, orada kaldığı süre içinde devamlı oruç tuttu ve kimseyle konuşmadı. Hac dönüşü Bağdat'ta Cüneyd-i Bağdadi, Ebu'l-Hüseyn Ahmed Nuri ve Amr Mekkî ile görüşüp onlardan feyz aldı. Sonra tekrar Tüster'e döndü.

Bazılarının üstü kapalı eleştirileri üzerine Sûfilik kıyafetini değiştirerek halk kisvesine büründü. Talebeleri ile beraber ikinci defa hacca gitti. Dönüşünde asker kıyafetine girerek putperest diyarı olan "Halkı Hakk'a dâvet için şirk beldelerine gidiyorum" diyerekten Hind'e, oradan Horasan'a, Türkistan'a ve Çin sınırına kadar giderek oralarda yaşayan halka İslâmiyet'i anlattı. Onları Allah yoluna davet etti.

900 yıllarında üçüncü defa hacca gitti ve orada halktan kendisine işkence yapılmasını istedi. Bağdat'a geri dönünce, Müslümanlar uğruna, halk tarafından öldürülmeyi talep etti.

Bu sırada meşhur "Ene'l Hakk" sözünü söyledi; bu söz kısa zamanda bütün İslâm diyarına yayıldı. Bir süre hapsedildi, suçsuz olduğu anlaşılınca serbest bırakıldı.

"Ene'l Hakk" sözü çok çeşitli şekillerde yorumlandı. Bu arada ismi Ismailîye, Karmatiye ve Hanbelî mezhepleri mensupları arasında bazı siyasi hadiselere karıştı ve ağır suçlamalarla tekrar hapsedildi, sekiz yıl kadar hapiste yattı ve sonunda idama mahkûm edildi. İdam hükmü, devrin İslâm halifesi tarafından da tasdik edilen Hallac-ı Mansur, İbn Abdüssamed tarafından önce kırbaçlandı, sonra elleri ve ayakları kesildi, ardından asıldı ve cesedi yakılarak külleri minareden Dicle Nehri'ne atıldı.

Hallac-ı Mansur'un, yaşamının ilk dönemlerinde sûfî üstadları olan Cüneyd-i Bağdadi ve Emr el-Mekki'nin talebeliğinde bulundu. Fakat daha sonra onlar tarafından red edildi.

Cüneyd-i Bağdadi tasavvuf'un esrarını sadece yakın çevresiyle konuşmakta, başkaları duymasın diye de evinin kapılarını örtmekteydi. Mansur'un da dahil olduğu Bağdat tasavvuf okulu, tevhid konusundaki öğretilerinde ileri bir seviyeye ulaşmışlardı. Halk tarafından yanlış yorumlanacağı endişesiyle öğretilerini gizlediler.

Cüneyd-i Bağdadi, Hallac-ı Mansur'a susmayı, insanlarla konuşmamayı, sırları açmamayı telkin ediyordu. Ancak o hocasını dinlemedi. Bu tutumunu sürdürmesi üzerine Cüneyd-i Bağdadi "'Galiba bir ağaç parçasının ucunu kırmızıya boyaman yakındır! Sözünü kendisine dile getirerek, şehit edileceği kehanetinde bulunduğu rivayet edilir.

Hallac-ı Mansur'u en çok etkilemiş Ariflerden biri olan Beyazid-i Bestami, 800'lü yıllarda, Fena halinin öncülerindendi. Fena hali, Fena Fi'Allah ya da Fenafillah olarak da tanımlanır. Fena hali, Allah'ta fani olma, Allah'ta yok olma düşüncesidir. Hz. Mevlânâ'ya göre bu hal "O Ben, Ben O" düşüncesinin göstergesidir. Yunus Emre de şiirlerinde bu hali devamlı yansıtır. Beyazid-i Bestami'nin "Bana şükürler olsun." sözü de bunu gösterir. Tevhidin başlangıcı olan fena hali, kendini kaybetme, yok olma, hiçleşmedir. Kadim bilgelikte, "O bir kulunu severse, onun gören gözü, işiten kulağı, yürüyen ayağı, tutan eli olur. Kul benimle duyar, benimle görür, benimle tutar, benimle yürür" hali ile aynıdır. Ezoterizmde ve spiritüalizmde bahsedilen "yukarının eli ayağı olan Kâmil İnsan" meselesi bunu anlatmaktadır.

Hallac-ı Mansur'un hocası olan ve düşüncelerinden etkilendiği Cüneyd-i Bağdadi, sahv yani beka hali öncülerindendi. Beka Bi'Allah ya da Bekabillah olarak da tanımlanır. Fena Fi'Allah halinin tam zıttıdır. Beka hali, temkinli, kendinde ve uyanık olma halidir. Kısaca, Allah'ta baki olma, Allah'ta sonsuz yaşama ulaşmadır. İmam Rabbani, Beka halini, yemeğin tadını veren tuz misali olarak tanımlar. Cüneyd-i Bağdadi, "Her an uyanık değil, her an da fena içinde olmama hali" düşüncenin öncülüğünü yapmıştır.

Hallac-ı Mansur'un düşüncelerinde de, her iki hal durumu görülmektedir. Hallac-ı Mansur, hem Fena halindeyken, hem de Beka halindeyken "Ene'l Hakk" sözünü yinelemiştir.

Mansur'un en yakın dostu Şibli "Ben ve Mansur aynı şey idik. Ancak beni, deli olma halim kurtardı. Hallac-ı Mansur'u Dar'a götüren aklıdır" demiştir.

Ene'l Hakk Kadim Bilgi

"Beni gören, Tanrıyı görür, Tanrıyı gören ikimizi birden görür"
Hallac-ı Mansur.

Ene'l Hakk sözü, bir insanın **Hakk olarak göründüğünün** ifadesidir. Düşünce felsefesinin temelini içeren en önemli sözlerden biridir.

Bu sözden beri daha üstüne söylenmiş bir söz bulunmamıştır. **Ben Hakkım** demiştir ya da **Hakk, Ben olarak göründü** demiştir Hallac-ı Mansur.

Ancak ben kelimesi çok derin bir kavramdır. Ene kelimesi ben anlamında kullanılmış olsa da, aslında **ben** ötesi bir kelimedir. Çünkü ego ve ben sözcükleri, fiziksel bedeni ifade eder. Ancak Mansur'un "ene" kelimesi tasavvufi manada beden dışında olduğunun anlamını taşır. Yani **ruhum, emanet ruhtan üflendi ve ona ulaşmayı diledim, kalben çağrıyı duydum ve ölmeden ona ulaştım** manasını içeren derin bir durumdur.

ENE'L HAKK

Ene'l Hakk vurgusundaki Ene kelimesi Allah yolunda olan bir ruh için kullanılır. Eğer ene kelimesini bedensel "ben" olarak düşünürsek, yüksek ego boyutuna gireriz. Bu da Firavunlaşan bir benlik anlamını taşır. Kısaca **Ben Tanrıyım! Bana tapının** anlamına gelir. Fakat Hallac-ı Mansur, Ene'l Hakk kelimesini söylerken, yüksek egodan çok daha üst boyutta bir bilinç yaşamaktadır. Bu bilinç, ruhunun, ölmeden Allah'a ermesi için yaptığı çağrıya gelen cevaptır.

Ben Hakkım demesi, **Hakk benim suretimde göründü**, ya da **ben Hakk suretinde göründüm** anlamını taşır. Eşsiz ve Tek olan Tanrısal boyut bilincinde, kalple söylenmiş, bir gizli sözcüktür.

Ene'l Hakk sözü, Hakk isminin insan beyninde açılımını, insanın bilincindeki rezonansı, tüm beden hücrelerindeki Tanrısal açılımın ortaya çıkışıdır.

Dünyasal sıfatlardan arınan, Hakk isminin yüceliğine ulaşan ve idrak eden bir anlayıştır. Ve bu sözü, ancak, ruhu ve bedeni ile idrak eden kişi söyleyebilir. Bunun dışında bir söylem ancak taklittir ya da sahtekârlıktır.

İnsan gönlü öyle büyüktür ki, içine bütün evren sığar. Sonsuz Kâinat, insanın yüreğindedir. Hallac-ı Mansur bunu **"Nokta Felsefesi"** olarak belirtir. Bu "nokta" bir incidir. Arapça durre olarak bilinen bu inci, tüm kâinatın özüdür. İşte inciyi bulabilen, görebilen, egoyu terk eder, maddenin esaretinden kurtulur. Özgürleşir. Bu kişi artık Tanrısal Boyutta Düşünen bir insandır. İşte böyle bir hal içinde olan insan ancak **Ene'l Hakk** diyebilir. Bu sözü dile getirebilen tek kişi de Hallac-ı Mansur olmuştur.

Gelelim, Ene'l Hakk sözünün, Kuantum Kuramı ile benzeştiği yerlere.

Kuantum Evreninde bir kopuş, bir ayrılış söz konusu değildir. Her şeyin özü atom ve atom altı dünyasında gizlidir. Ve atom altı dünyası, kesinlik olmayan bütünsel bir yapı içerir. Kuantum dünyasında ayrılmak, kopmak imkânsızdır. Bir atomu parçalarından ayırsanız dahi, atomun çekirdeğine yapılan bir müdahale, diğer parçalarının da aynı müdahaleye uğradığını ispatlamıştır. Bu da her parçanın bütünden ayrı olmadığını, kopmadığını, görünmez bağlarla en yüksek seviyede enerjilerle bağlı olduğunu ispatlamıştır.

Kuantum evreninde kopuş ve ayrılış yoktur. Ancak yolculuk vardır. Uzaklık ve mesafe algısı sadece düşünce biçimimizdedir. Oysa bir galakside olan her şey o anda tüm kâinatın her zerresinde hissedilir ve değişime uğrar. Değişkenlik her atoma nüfuz eder. Bilimde, **atom ne ise madde de odur** ifadesi vardır. Tasavvufta **Zerre ne ise Bütün de odur** ifadesi ile benzer anlama gelir.

Biz beynimizin bize gösterdiği evreni görmekteyiz. Ayrı, farklı, güzel, çirkin, büyük, küçük, beyaz, siyah, aydınlık ve karanlıklar gibi sıfatlar taktığımız bir evren görmekteyiz. Aslında beynimizin titreşim frekansları daha farklı titreşseydi daha farklı şeyleri görüyor olurduk.

Herhangi bir taşı elimizden bıraktığımızda, yere düşerken, Andromeda galaksisindeki küçük bir göktaşı, bizim taşımıza bir çekim kuvveti uygulamaktadır. Bu durum, bizim, kuantum evreninde yaşadığımızın en büyük kanıtıdır.

Işık hızından daha hızlı, birbiri ile haberleşen atomlardan oluşuyoruz. Atom Evrenindeyiz. Buna Kuantum Evreni deniyor. Görünen her şey Kuantum Evrenini oluşturuyor. Kısaca, "Görünen her şey Hakikatte Tek ve Eşsizdir" gerçeğini kabul ediyor.

Henüz Kuantum Kuramı ortaya çıkmamışken, Hallac-ı Mansur Ene'l Hakk sözü ile "Görünen her şey Benim" demiştir.

ENE'L HAKK

İşte O Ben kelimesi, Kâinatın Özü'dür. Kâinatın Özü de, Tek ve Eşsizdir.

Hallac-ı Mansur Felsefesi
Temel Kavramlar 1

Hallac-ı Mansur'un felsefesinde yer alan bazı kavramlar vardır. Bu kavramlar, Tasavvufun temelinde çok önemli yer tutarlar. Her biri birer Mihenk Taşıdır. Ve açıklaması en güç kavramlardır. Açıklaması güç olduğundan, anlaması da zordur. Bu kavramları, derin bir hissediş ile aktarmaya ve anlaşılır olmasına özen gösterdim. Hallac-ı Mansur'un Felsefesinde yer alan kavramları kavrayış ile anlamadığımız sürece, Ene'l Hakk kavramını da anlayamayız.

Nokta Felsefesi

Sırdır nokta Âlem-i Vücud içinde, aynı An'da, Âlem-i Vücud o sırr-ı noktanın içinde. **Kevser Yeşiltaş**

Nokta konusu, Hallac-ı Mansur felsefesinin ve Ene'l Hakk anlayışının en temel kavramıdır. Nokta Felsefesi anlaşılmadan, Hallac-ı Mansur'u anlamak neredeyse imkânsızdır. Hallac-ı Mansur, O'nu nokta olarak tanımlar. Mansur'a göre Tanrı **Öncesiz Nokta**'dır. Öncesiz Nokta'nın Mutlak olduğunu ve Kaynak olduğunu önemle belirtir.

Nokta, ne büyür, ne küçülür, ne yok olur, ne var olur. Her yerdedir ve hiçbir yerde değildir. Bütündür, Gerçekliğin Gerçekliğidir ve Hiçbir yerdedir. Tüm görünenlerdedir ve görünmeyendedir. Nokta'nın her şeyden bilgisi vardır, sonsuz kere sonsuz saniyede her şeyi bilir, tüm düzen ve maddelerin tek sahibidir.

Merkezdeki, Öncesiz Nokta'ya ulaşmak imkânsızdır. Bunu kavramlarla anlamak imkânsızdır. Ölerek ya da dairelerden geçerek ulaşmak mümkün değildir. Tüm ulaşma çabaları sonucunda, ulaşılan yer, ancak Öncesiz Nokta'nın etrafındaki daireye olur. Daire konusu, **Genişleyen Kavramlar ve Kavranabilirler Dairesi** bölümünde açıklanacaktır.

Mutlak, tanınamayan, bulunamayan, algılanamayandır. O ancak ve ancak kendini açığa vurandır. Bunun dışında kimse O'nu göremez, tanıyamaz ve konuşamaz. Ancak O kendini, öz dostlarından açığa vurur. Bir yay gibi gerilir ve tam noktadan vurur, tüm yaratılmışların içinden geçer, özlerini deler, nuru verir, yaratılanları şaşırtır, hayrete düşürür, görkemiyle birbirine düşürür, sarsar, yakar kavurur, alt üst eder, tohumu yaprağından ayırır, savurur, sersem eder, dengeler, düzenler ve nizamı sağlar.

Gerilen yaydan bir ok gibi fırlar. Ancak o zaman tanınır. İşte bu Tanrının iradesidir, olan her şeydir, bütündür. Ancak elle gösterilecek, gözle görülecek, dokunulunca hissedilecek, soru sorunca cevaplayacak bir varlık değildir.

Hallac-ı Mansur, Tanrıyı **kendini açığa vuran** olarak tanımlar. Tanrı kendi dairesinde görkemlidir ve asla bulunamayan ve ulaşılamayan yerdedir. Sıfatlar onu tanımlayamaz, ikincil hiçbir şey onu tanımlayamaz. Yaratılmışlar O'nu tanımlayamaz. Tüm kelimeler yalnız ve çaresiz kalır. Söylenen, hissedilen hiçbir şey O'nu tam anlamıyla ifade edemez. En idrakli, en bilge Aydınlanmış kişinin bile algılarının ötesindedir. Katıksızdır, sayılamayan Bir ve sayısal tektir. Sonsuzdur ve sadece Kendisi gibidir. Hiçbir şey ile benzeşmez. Bütünleyen, kavrayan, çekip alandır, dağıtan ve sonsuzca yayan, ancak sonsuzluğun sınırını ve sayısını ancak ve ancak kendisi bilen O'dur. Niceliklerle, niteliklerle, üremişlerle, yaratılmışlarla kıyaslanamayandır. Varlıklardan uzak, ancak varlıklara, kendilerinden bile yakın olandır.

Öncesiz Nokta Tanrıdır. Doğurmamış ve doğrulmamıştır. Eşsiz, Tek ve Mükemmeldir. Dualite kavramı (eril, dişil) ona atfedilemez ki hiçbir şey ona denk tutulamaz. Ancak tüm kavramların ve prensiplerin tek yaratıcısıdır.

Daire

Hallac-ı Mansur Felsefesinde en önemli Kavramlardan biri **Daire** konusudur. Daire konusunu iyi anlayamadan, Hallac-ı Mansur'un Ene'l Hakk sözünü kavrayamayız.

İlahi Sistem, daireseldir.

Daireler iç içedir.

Öz, ilk nokta ve ilk dairedir. Oradan açılım ve yayılım başlar.

O ilk daire Mutlak'tır. Mutlak sonsuz güçtür. Hallac-ı Mansur, ilk daireyi **"Bulunamayan Nokta"** olarak tanımlar. Öncesizlik ve Sonrasızlık öncesidir. **Öncesiz Nokta** olarak tanımlanır.

Daha sonra gelen daire, **Genişleyen Kavramlar ve Kavranabilirler dairesidir.** Veliler, ulular, Allah'ın varlığını kavrayıp, kendini Allah Varlığı ile Birleyenler, bedeni terk etmeden Allah'a ulaşanlar. Kavranabilir olanlardır bunların hepsi. Yerlerini bilirler ve yerküreye ışık olup, yine kaynaklarına geri dönerler. Kavramlar Dairesi, Erenlerin, Eriyenlerin ulaşabildiği bir yerdir. **Doğruluk Dairesi** olarak da tanımlanır.

Nicelikler dairesi ise bir sonraki dairedir. Maddeler ve Varlıklar, çokluk, sıfat ve suret olarak görünürler. Her bir görünen de, Tanrının yansımasıdır.

Bir sonraki en geniş daire **Sezgi Dairesidir.** Tüm varlıkların sezgisinin hissedildiği yerdir.

Tüm Varlıklar ve Tanrının kendisi de dahil, bu daireleri temsil eder. Peki Şeytan kavramı, bu tanımlar içerisinde nerede bulunur dersek: Şeytan kavramı, tüm bu dairelerin dışında kalma durumudur. Şeytan, tüm bu mevcudiyetten mahrum olma halini temsil eder. Eğer Şeytani düşünüyorsan, Daire dışındasın!

Şunu iyi anlamamız gerekiyor ki, Şeytan diye bir varlık yoktur. Şeytan, bir düşünce tarzıdır. Bu Düşünce tarzı, Kâinat içindeki o birliği idrak edemeyen, kavrayamayan ve göremeyen bir yapıyı içerir. Bu düşünce tarzına sahip olan her insan da, Tanrısal Daire dışına çıkmıştır.

Hallac-ı Mansur, Tanrı ile arasındaki birliğin varlığını inkâr eden kişinin, en dış daire olan Sezgi Dairesinin çeperinde dolaştığını belirtir. En büyük ve en dış dairenin çeperinde olan kişi, anlayışı itibariyle İnsan ile Tanrı arasındaki bütünlüğü ve birliği anlayamaz. Anlayamadığı için inkâr eder. Çünkü Öncesiz Nokta'dan çok uzaktadır ve bu doğrultuda anlayışı da bir o kadar kaba titreşimdedir. Dolayısıyla Algılaması çok güçtür.

İnsanların, Rabbin insana **Can damarından akraba olma** konusunu kavraması çok zordur. Çünkü en dış dairenin çeperinde olan varlık, anlayışı itibariyle kaba titreşimlere tabidir. Şeytani düşünce tarzı hâkimdir. Artık o kişi, Tanrısal Dairenin dışındadır. Dolayısıyla, Varlıkların ve Tanrının Sevgisine, dışardan bakandır.

İnsan ne kadar gelişirse gelişsin, en yüce mertebelere dahi ulaşsa, Tanrıyı gözleri ile göremez. Çünkü bakmak ve görmek, dışardan bakmaktır. Dışardan bakan kişi Tanrıyı inkâr eden kişidir. İkiliğe düşmüş ve daire dışında kalmıştır.

Hallac-ı Mansur felsefesinde, Daireler iç içedir diye belirtmiştik. Varlık, anlayışı doğrultusunda, kapısı ve anahtarı olmayan bu dairelerden geçer. Her daireden diğerine geçişi şöyle olur: Varlık, maddenin esaretinden kurtuldukça ve Aydınlandıkça gerçekleşebilir.

Hallac-ı Mansur Felsefesinde, en dış daire olan Sezgi Dairesine yaklaşabilen kişi, **doğruluk ve kavramlar** denizine yaklaşmıştır. Ancak o zaman insan ile Tanrı arasındaki kavrayışı, hissediş olarak yorumlayabilir. Bu durumdaki kişinin anlayışı biraz daha gelişmiştir. En azından varlık, bunu hissediş tarzında, **"esinlenme"** olarak yorumlayabilir.

Sezgi Dairesinden ilerleyen kişi, Nicelikler dairesine ulaşabilmiştir. Bu duruma Hallac-ı Mansur, **doğruluk ve kavramlar denizinden bir yudum içmek** tanımını yapar. Doğruluk ve Kavramlar denizinden bir yudum alan kişi, anlayışına anlayış katmıştır. Nitelikleri ve nicelikleri yorumlamaya, ruhunun sesini duymaya başlamıştır. Hallac-ı Mansur bu duruma **Doğruluk Dairesine** ulaşan varlık tanımını yapar.

Fakat bu dairenin olumsuz bir yanı vardır. Eğer dairenin tam anlayışını kavrayamamış ise, merkezin aslında kendisi olduğunu zanneder. Kâinatın merkezinde kendi benliği olduğunu düşünür. O zaman kendini Tanrı ile eş tutar. Merkez Benim diye düşünür. Ulaştığı bu durum, sadece yanıltıcı bir durumdur. Istırabın ta kendisidir. Eğer, bu dairenin gerçekliğini anlayabilseydi şunu hissedecekti: İnsan hakikattir, fakat asla Hakikatin ta kendisi değildir. Tanrıdandır ama asla Tanrının kendisi değildir. Tanrı olduğunu düşünen egosudur, benidir. Yanıltıcı ve sarhoş edici bu durum, merkezde olduğunu ve kâinatın insanın etrafında döndüğünün bir yanılgısıdır.

Doğruluk Dairesine ulaşan varlık, benliğini unutur ve dikkatini benliğinden kurtarır. Benlik, insanın, dünyada iken varoluşunu sağlayan koruyucu bir etkendir. İnsan, benliği ile dünyada var olur. Fakat merkezin kendisi olduğu zannına kapılmışsa, Benliğinin esiri olur.

Doğruluk denizine ulaşan insan, gölgelerin, hoşlukların, yansımaların sarhoşluğunu duyar. Sonsuzluğun derin denizinde olmanın hazzını yaşar. Derin denizde yüzdüğünü, serinlediğini düşünür ama, sadece kıyıda oyalanmakta ve bilginin verdiği yanıltıcı sarhoşlukla idare etmektedir.

Çünkü orası Ben'in en güzel sığınağıdır, en aldatıcı yeridir ve hoşlukların, güzelliklerin, hazzının yaşandığı bilgi denizidir. Bilgiyle oyalanır durur. Sahip olduğunu sandığı kendi Beninden başka yüzü hiçbir yere dönük değildir, gerçek bene ulaştığını zanneder.

Bu durumu Hallac-ı Mansur şöyle anlatır: Gönül, kanatlarını bulmuş uçmaya çalışan bir kuştur. Gönül kuşu uçmak için diretiyordur. Fakat kanatlarına engel olan Ben'idir. Merkez Benim diyen, benliği. İşte bu Ben Merkez, Gönül kuşunun bulduğu kanatlardır.

Hallac-ı Mansur, bu durumun nasıl aşılacağını şöyle anlatır: Gerçekte uçmak, Merkez Benim diyen benliği terk etmekle olabilir. Gönül Kuşunun uçmak için Kanatlara ihtiyacı yoktur. Çünkü kanatlar gönül kuşunun Merkez benim diyen benliğidir. Ondan kurtulmadıkça uçamayacaktır.

Kısaca, Gönül Kuşu, Merkez Benim diyen benliği ile Tanrıya ulaşamayacağını anlamalıdır. Kanatlarını terk etmeyen Gönül Kuşu, Tanrıya ulaşamayacaktır.

Kanatlarını terk etmeyen Gönül kuşu, bir aldatmaca ve yanılgı içinde olduğunu anlar. Doğruluk denizine düşer ve orada boğulur. Bu boğulma tanımını Hallac-ı Mansur şöyle anlatır:

Merkez Benim diyen benlik, insanı kuşatır, kuşatma altına alır, obsede eder, manipülasyon uygular. Öyle oyunlar oynar ki, insan gerçekte kim olduğunu unutur.

Hallac-ı Mansur bundan kurtulmanın bir tek yolu olduğunu vurgular: **İnsan zahiri bedenini fark ettiği an ölümsüzleşir, daim diri olur.**

Tasavvufta "Ölmeden Ölme" durumunun tanımıdır bu. İnsanın, henüz yaşarken Hakikatinin farkına varmasıdır. İnsanın Hakikatine kavuşması, uzun ve zor bir yolculuktur.

Arayış ve buluş, mistik bir yolculuktur. Arayış içinde olan varlık, her imkânı kullanan sonsuz imkânlar ve özgürlük içerisindedir.

Tasavvufta, **"Ayakların en çok takıldığı yer"** denilen yer Doğruluk Dairesi olan Nicelikler dünyasıdır. İnsan, sıfatların çeşitliliğin ve çokluğun olduğu madde dünyasından kendini bir türlü kurtaramaz. Oyalamaca ve karmaşa içerisinde boğulur. Oysa Gönül Kuşunun Tanrıya ulaşması gerekir. Madde dünyasının Hakikatini anlamadığı sürece de, bir sonraki daire olan Genişleyen Kavramlara ulaşması mümkün olmaz. Ayaklarındaki prangaları koparmadıkça bir sonraki daireye geçemez.

Kapısı ve Kilidi olmayan bu dairelerden geçişler, tamamen insanın içsel yolculuğudur. Aydınlandıkça gerçekleşebilen bir yolculuktur bu. Engelleri aştıkça, anlayışlara kavuştukça ancak mümkündür. Tüm nedenlerin tek bir nedeni var: Tanrıyı Anlamak. Ve o tek nedeni sınırlılık içinde anlayabilmek ne kadar mümkündür? **İnsan sınırsız olmadıkça, Sınırsız olan Öncesiz Nokta'yı anlayamaz.**

Yörüngeler

Hallac-ı Mansur Felsefesinde en önemli kavram **Yörüngeler** konusudur. Yörüngeler konusunu iyi anlayamadan Ene'l Hakk sözünü de anlayamayız.

Kâinatta her makro varlık **kendi etrafında** ve çekim alanında olduğu **kütlesel varlık etrafında** ve en büyük çekim alanına bağlı olduğu **makro kütlesel varlık etrafında** döner.

Kâinatta her mikro varlık, (atom ve atom altı partikülleri) kendi etrafında ve çekirdek etrafında dönerler.

Bu değişmeyen Fizik Yasalarıdır. Her mikro ve makro varlığın bir yörüngesi vardır. Bu yörünge, kendi etrafında ve çekim alanına bağlı olduğu kütlesel etrafında dönerken aldığı yoldur. Bu yörüngeler, görülebilir, tespit edilebilir ve ölçülebilir nitelik taşır.

Bir de varlıkların Soyut yörüngeleri vardır. Bu yörüngeler, o varlığın Manevi Dünyalarında aldıkları yollardır. Tasavvufta varlıkların bu soyut yörüngelerine "Tekâmül" adı verilir.

Her insanın yay genişliğinde bir yörüngesi vardır. Manevi gelişiminde, tam bir tur döner, döngüyü tamamladığında yine başa gelir. Ve bu sonsuza kadar devam eder.

Hristiyanların kutsal kitabı İncil Vahiy 22/13'de belirtildiği gibi "Alfa ve Omega, birinci ve sonuncu, başlangıç ve son Ben'im." sözünün anlamına denk bir ifadedir. İnsan, her döngüde bir tur attığında yeniden başa gelir. Bu yüzden Soyut yörüngelerde baş ve son aslında aynıdır. Fakat tek bir farkla! Her tur döngüsünde sona gelen insan, tekrar başa geldiğinde, anlayışı değişmiş ve aydınlanmıştır. Her dönüş bir farkındalık sıçraması yaratır. Baş ve Son aynı gibi görünse de, aslında Aydınlanan insan bir sonraki döngüde farkındalığı yüksek bir anlayış ile döngüsüne devam edecektir.

ᘑᒋ

İnsan fizik yörüngesinde bir tur atarken, neyin çekim alanında döner?

Fizik kanunlarına uygun cevap vereceksek eğer: Her insan, dünya gezegeninin çekim alanına dahildir. Bu yüzden dünya kendi etrafında döndüğü için insan da dünya ile birlikte döner. Dünya güneş etrafında döner. Güneş de en güçlü çekim alanı olan Samanyolu galaksisi etrafında döner. Samanyolu galaksisi de kendi etrafında döner. İnsan da dolayısıyla, Samanyolu galaksisi ile birlikte tüm dönüşlere tabidir. İnsan fizik yörüngesinde bir tur atarken Samanyolu Galaksisinin çekim alanındadır.

Peki İnsan Soyut Yörüngesinde bir tur atarken neyin çekim alanındadır?

Konunun başında Soyut Yörüngelerin görülemez, ölçülemez, tespit edilemez oluşundan bahsedildi. Bunu ancak, manevi hissediş ile tespit etmek mümkündür.

Tasavvufta "şey" tanımı vardır. Tüm yaratılanlar "şey" kategorisine girer. Tasavvufta, "şey" aslında "eşya"dır. Bildiğimiz tüm maddeler, tasavvufta **eşya** olarak tanımlanır.

İnsanın, soyut yörüngesinde, çekim alanına girdiği "şey"ler vardır. Ve bu "şey"ler, tıpkı fizik kanunlarında geçerli olan çekim alanları gibi, çok güçlü çekim alanları yaratırlar. O şeylerden en önemlisi de Merkez Benim diyen Benliktir. Eğer insan kendi **Ben Merkez** çekim alanında ise, maddenin esiri olmuş ve Doğruluk denizinde boğulmuştur. Kurtulması çok güç olan bir güç merkezidir Ben Merkez. Tam bir esaret alanıdır. İnanmamız gereken şudur ki, bir mahkum hapiste daha özgürdür, Ben Merkez alanına girmiş kişiden. Ben Merkez çekim alanında olan insan, maddenin yarattığı cazibeyle sarhoştur. Manevi gözleri körleşmiştir. Bencil, Tanrı tanımaz, Zalim, Huzursuz, Hoşnutsuz bir yapıdadır. Ve soyut yörüngesini, Merkez Benim diyen güçlü çekim alanından kurtaramadıkça, bu esaret devam edecektir. Yörüngesi, sürekli başa dönen bir insanın hayatı yorucu, sıkıcı ve ıstıraplıdır.

İnsan, Soyut yörüngesinin merkezine yerleştirdiği daha farklı çekim alanları da vardır. Para, İktidar, Şöhret, Kumar, Seks gibi güçlü çekim alanları etrafında tur atan insanlar da çoğunluktadır. Bu ifadeler, toplum arasında "hastalık" olarak nitelense de, aslında her biri birer meslektir. Mesleği Şöhret olan, Mesleği Kumar olan, Mesleği iktidar olan insanlar olarak da tanımlanmalıdır.

İşte insanın hayatı, merkeze yerleştirdiği güçlü çekim alanına odaklıdır. O güçlü çekim alanı odaklanmasından özgürleşmeli ve dengelenmelidir. İşte o zaman, insan hakikatini anlamaya başlayacaktır. Her tur dönüşünde sona yaklaşan ve başa dönen insan, anlayışı geliştikçe Gerçek Ben'in ışığını fark eder. Ve merkezine Hakikatini yerleştirmeye başlar. Manevi dünyasında başa döndüğü anda bir ilerleme kaydeder ve sıçrama yaratır.

İşte bu Tekâmül Sıçramasıdır. Tekâmül halkalar şeklinde değil, helezonlar şeklindedir. Gelişiminde "sıçrama" kaydeden insanın yörüngesinde "baş ve son" yok olur. Belli bir noktadan çıkan ve sonsuzluğa yol alan helezonlar şeklindedir. Görünürde, baş ve son kalmamıştır. Yörüngesi helezon çizerek ilerleyen, gelişen, aydınlanan bir insan ortaya çıkmıştır. Tekâmül Sıçraması yaparak aydınlanan ve helezonlar çizerek ilerleyen İnsan, bu ilerleyişte çeşitli duraklarda konaklar. Bu duraklarda konaklamasına Tasavvufta **"nefes"** adı verilir. İnsan her nefeste, soluklanır, dinlenir ve yaşadığı tüm olayları gözden geçirir. **Duraklar**, insanın Tekâmül İlerleyişinde çok önemli yer tutar.

〄

Tasavvufta, Gerçek Ben'e dönüş, kişinin **İnsan-ı Kâmil** olduğu durumu gösterir. Bu ulaşılacak insani boyuttaki en zengin, en ulvi, Rabbi'ne yakın olduğu durumdur. İşte Nicelikler dairesinden sonra gelen Genişleyen Kavramlar dairesine yol almıştır. Burası Uluların, Velilerin, Ölümsüzlerin yer aldı dairesel alandır.

Kur'an-ı Kerim'de, "Sonunda tüm dönüşler O'nadır" ayeti vahyedilmiştir. Tüm dönüşlerin Tanrıya olması, sonsuz bir zaman diliminde gerçekleşecektir. **Tüm dönüşler O'na** Prensibi, yörüngemizi **Merkez Benim diyen Benlikten**, Gerçek Ben'e yöneltmemiz, sıçrama yaratmamız gerekecektir. Bu insanın çabasına bağlıdır.

Yörüngemizi ve dönüşümüzü Rabbin çekim alanına, Gerçek Ben'e, O'nun huzuruna ve Nuruna yönelterek yapabiliriz.

İnsan Hakikatin Hakikatidir. Ancak asla Hakikatin ta kendisi değildir. Kısaca, İnsan İlahidir. İnsan Tanrısaldır. Fakat İlah değildir ve Tanrının kendisi değildir.

Duraklar

Hallac-ı Mansur Felsefesinde en önemli kavramlardan biri de Duraklar konusudur.

Tasavvufta Nefes alma denilen yerdir. Bu duraklar, İnsanın Tekâmül Yolculuğunda **kendi ile gözden geçirme toplantısı yaptığı**, kendi ile yüzleştiği yerdir.

İnsan, makro ve mikro kâinatın tam ortasında yer alır ve onun da bir yörüngesi vardır; ancak bunu **gözle görülemez** diye belirtmiştik.

Her bir tur dönüşünde sona yaklaşan ve tekrar başa dönen insan, sıçrama kaydederek yoluna devam eder. İşte bu sıçrama anında bir nefes almalıdır. Burası "duraklama, konaklama" yeridir.

Durak bir nefes almadır, bilgilerin yerli yerine oturması, gözden geçirilmesi, hazım edilmesi, eksiklerin fark edilmesi, geçmişin telafisi ve bir sonraki aşamanın hazırlıklarının yapılmasıdır. Ve her bir durak, liyakat meselesidir. Ve herhangi bir durağa ulaşıldığında, oranın garantisi ancak ve ancak varlığın liyakati ile belirlenir.

Halden hale geçeceksiniz **Kur'an-ı Kerim İnşikak Suresi 19. Ayet**

Her halden hale geçiş, her kat edilen merhale, aşama, tabaka, birer **durağı** temsil eder. Her biri için ayrı ayrı zamanlar vardır ve bu zamanlar, bir oluş ve biçimlenme safhasıdır. Bu o varlığın, yoğunluğu, titreşimi ve rezonansı ile alakalıdır. Bilgileri ile değil. Çok şey bilmenin faydası yoktur, önemli olan bilinen şeylerin hazım edilmesi, idrak edilmesidir. Ruh varlığından, madde bedenine geçişlerde şuur alanları, kademe kademedir ve çok ince, seyyal durumdan, çok kaba titreşime geçişler vardır ve bu hiyerarşik kademeler, her biri duraklardır.

Tabiatta da, yazdan bahara, kışa ve yine bahara ulaşılır. Gökyüzünde ay en ince halden dolunaya kadar çeşitli haller geçirir ve tam dolunay halini alır.

İnsan doğar ve yaşlanana kadar çeşitli evrelerden geçer.

Her canlı arınma işleminden sonra sonsuz ve ebedi hayata kavuşacaktır.

Her canlı ya da cansız görünen cisimlerin ve varlıkların halden hale geçişleri vardır ve bunların zamanları mevcuttur.

İşte insanın da iç dünyasının, şuur sahasının, idrak sahasının durakları vardır. Hiç kimse durduğu yerde olgunlaşmaz, bilgiye ve idrake ulaşamaz. Sırların açığa çıkması hayatlar boyu sürer. Her hayatta elde edilen bir ya da birkaç idrak, diğer hayatın hazırlığıdır. Belki birkaç hayat öncesi ve sonrası için hazırlık aşamalarıdır. Hazım edilmesi, idrak edilmesi, bilgilerin tecrübe edildikten sonra çıkan sonucun, ihtiyaca uygun tekrar planlanmasıdır. İşte bu aşamalar halden hale geçişlerdir.

Her biri birbirine geçmiş, girift halde olan, hiçbiri diğerinin öncüsü ya da sonrası olan değil, bizatihi, hepsi birbiri ile bütün, sınırı olmayan, ancak bir satıh üzerinde içe yönelik bir mistik yolculuktur.

Hallac-ı Mansur 40 duraktan bahseder.

Sırasıyla şöyledir:

1. Yöntem (Adab)
2. Korku (Raheb)
3. Yorulma (Nasab)
4. Arama (Taleb)
5. Şaşırma (Aceb)
6. Yıkılma (Ateb)

7. Coşku (Tarab)
8. Tutku (Şereh)
9. Doğruluk (Nezeh)
10. İçtenlik (Sıdk)
11. Yoldaşlık (Rıfk)
12. Özgürleşme (Itk)
13. Gösterme (Tasvih)
14. Dinginlik (Tervih)
15. Anlama (Temyiz)
16. Tanık olma (Suhud)
17. Oluş (Vücut)
18. Memba (Idd)
19. Çabalama (Kedd)
20. Eski duruma dönme (Rada)
21. Yayılma (İmtidad)
22. Hazırlanma (İ'titad)
23. Kendini yalıtma (İnfirad)
24. Bağlanma (İnkıyad)
25. Çekim (Murad)
26. Görüntü (Huzur)
27. Uygulama (Riyazet)
28. Dikkat (Hıyatat)
29. Yitirilen seyler icin üzülme (İftikad)
30. Direnme (İstilad)
31. Dikkate alma (Tadebbur)
32. Hayret (Tahayyur)
33. Düşünme (Tafakkur)
34. Sabır (Tasabbur)
35. Yorumlama (Taabbur)
36. Onaylamama (Rafd)
37. Güçlü eleştiri (Nakd)

38. Uyma (Riayet)
39. İşaret alma (Hidayet)
40. Başlangıç (Bidayet)

Hallac-ı Mansur'a göre her durağın iki anlamı vardır. Biri anlaşılır, diğeri anlaşılamaz. Anlaşılan durumu, bedenliyken ilham vasıtasıyla hissedilendir.

Anlaşılamayan durumu ise, bedenliyken bu hissedilenlerin **amacının** ne olduğu konusunda kesin bir bilginin olmamasıdır.

Kısaca İnsan, Manevi yolculuğunda yani Tekâmül Sıçramalarında birçok hissiyata kavuşur. Bunlar Anlaşılan durumlardır. Fakat bu hissiyatın amacının ne olduğuna dair kesin bir bilgi yoktur. İşte bu da Anlaşılamayan durumdur.

Kur'an-ı Kerim bu durumu elKhadir (Hızır) ve Musa hikâyesi ile gözler önüne serer. Kur'anda Hızır kelimesi yoktur. Musa'ya yolculuğunda eşlik eden kişi için, İlmi Ledün bilgisine sahip bir genç olarak ifade edilir. Biz Ledün ilmi ile donanmış genç için, elKhadir yani Hızır ifadesini kullanacağız.

Musa, Tekâmül Yolculuğunun duraklarında Hızır ile karşılaşır. Hızır ile birlikte yoluna devam etmek ister. Fakat Hızır, Musa'yı uyarır. "Benimle yürümeye sabır edemezsin" der. Musa devam etmek ister.

Hızır bir takım olaylar gerçekleştirir. Musa'nın düşüncesine ve yapısına ters gelen bu olaylar, onu çileden çıkarır. Ve Hızır'ın yaptıklarına tepki gösterir. Çünkü Hızır'ın yaptıklarını anlamış fakat amacının ne olduğunu kavrayamamıştır. Kavrayamadığı için de, sabır gösterememiştir.

Musa'nın Tekâmül yolculuğu durağında karşılaştığı Hızır'la yolları ayrılır. Kısaca Hızır Musa'yı terk eder.

Bu hadisede Hızır, **yaptığının amacına hâkim bir yapıyı temsil eder.** Burada Hızır bir bedenli insan değil, Tanrısal bir düşünce yapısının temsilidir. Ve bunun dünyada mümkün olabileceğinin de göstergesidir. **Hızır kavramı: Anlayışına varmış ve amacının ne olduğunu bilen Tanrısal Bir düşünce yapısıdır.**

Bu hadisede Musa, insanın beşeri düşünce yapısını temsil eder. İnsanoğlu, bir nebi, bir peygamber de olsa gerçeği bilemez. Amacı bilemez. Amaç sadece Dünya'nın Rabb'ine aittir. Bedenlilerden hiç kimse, dünyada yapılanların amacına dair kesin bir bilgiye sahip değildir. Ancak **Tanrısal Düşünce yapısına ulaşanlar** için mümkün olabilir.

🌿

Hallac-ı Mansur Felsefesinde, İlk Dokuz Durak çok önemlidir. Sırayla bu Dokuz Durağın neler olduğuna bir göz atalım.

• **Yöntem (Edep ve Adap)**

Varlığın ihtiyaçlarından doğan istek ve arzu ile hareket etmesi, kanunlara uyması, ilahi irade prensiplerine göre hareket etmesi, aykırı bir durum oluşturmaması manasını taşır. Kâinatta hiçbir şey düzensiz ve başıboş değildir. Her şey belli düzen ve kaidelerle bir arada varlığını sürdürmektedir. Bir yerde herhangi bir düzensizlik olsa bile, derhal başka bir noktada onu düzenleyecek bir sistem devreye girmektedir.

Bilimde canlı varlıkların organize durumu, düzenli bir yapı oluşturur. Yani yaşam içerisinde bir ahenk, bir düzen vardır. Bilim adamları buna Entropi'nin azalması diyorlar.

Entropi: Düzensizliğin ölçüsü anlamındadır.

Entropi düşük ise düzenli bir yapının varlığını gösterir. Entropi Kanunu (düzensizlik kanunu) evrendeki düzeni ortaya koyan en büyük delillerden biridir. Yaklaşık on beş milyar yıldan beri varlığını sürdüren evrenin şu anki Entropi'si hesaplara göre şaşırtıcı derecede düşüktür. Bu bize evrende bir düzenin olduğunu gösterir ki evrenin ilk başlangıcının çok düzenli olarak başladığını ortaya koyar. İlginç olan başka bir durum ise, evrendeki sistemin herhangi bir kısmında bir entropi artışı olursa (düzensizlik artarsa) başka bir kısmında entropi azalır (yani düzen artar). Fakat bu artış ve azalmalar geçicidir ve ne kadar büyük olursa düzelme de o kadar hızlı gerçekleşir.

Evrenin başlangıcının aşırı derecede düzenli oluşu, özel bir durum ve simetri ya da ekonomi ilkesine tabi olarak var olduğunu ortaya koyuyor. Sonuç olarak evrende Bütünsel bir zeka var ve evren birbirini tamamlayan ahengi ile bütünsel yaşam organizasyonu.

Edeb ve adap, her varlığın, yörüngesinin eksenleridir ve bu yörünge eksenleri şaşmaz bir düzen ile gelişir ve olgunlaşır.

İlahi Döngü belli Kaideler içerir. Buna İlahi İrade Prensipleri denir. Bilimsel çalışmalar ispatlamıştır ki, Kâinatın çalışma düzeni de belli Kaideler içerir.

İlahi irade prensipleri, yöntem-edep-adaptan oluşmaktadır. Kısaca, döngü, şaşmaz Ölçü ve Nizam içerisindedir.

Ancak dünya insanları, bu yasaları ihlal ederler. Düzenin sağlanması amacı ile bir takım düzenlemeler yapılır. Dünya kendi düzenini sağlamak amacı ile fiziki bir takım oluşumlar içerisine girer. Kendini yeniler ve düzenler. Depremler, Sel baskınları, Buzların erimesi, Fırtına gibi fiziki yenilenmeler.

Birçok insan, dünyanın bu fiziki değişimini Tanrının bir ceza sistemi olduğunu zanneder. Bu bir ceza değil, tabiat kanunlarının edebe ve adaba uygun işleyişidir.

Canlılar da, adab ve edeb kuralları içinde yaşamalıdır. Ancak ihlal etmektedir. Çağlar boyunca yok olmuş kavimler ve insan toplulukları olmuştur. İşte bu topluluklar ihtiyaca uygun hareket etmediği ve yöntemi bozdukları, ilahi sisteme aykırı düzende oldukları için kendi kendilerini yok etmişlerdir.

Hiyerarşik düzende, her varlık sistemi, mikrodan makro düzene kadar bu edebe uygun hareket etmeleri gerekir.

İnsan da, üzerine düşen görevi yerine getirmelidir. Bu da o insanın hayat planına uygun hareket etmesi anlamını taşır. İşte bu edeb ve adaptır.

Eğer insan, edep ve adap kurallarına aykırı ise, bir takım İlahi prensipler devreye girer. Ve hayatını yönlendirir. Bu bir insan için de olabilir. Bir toplum için de olabilir. Tüm dünya insanlığı için de olabilir. Bu Allah'ın bir Cezası değil, İlahi Döngüye uygun bir düzendir. Tüm bu anlatılanlar edep ve adap kavramı içerisinde yer alır.

Yöntem durağına ulaşan kişi, edep giysisini giyer.

- **Korku (Raheb)**

Korkunun anlamı, bilinmeyene karşı duyulan sakınma halidir. Kutsal ayetlerde sıklıkla tekrarlanan, "korkun" ifadesi, sırlarla dolu evrende, **İlahi irade yasalarına karşı sakının, arayışınıza devam edin, ancak ölçülü ve dengeli olun** manasını taşır. Çünkü Allah'ın terazisi daima dengelidir, şaşmaz. Ancak varlığın, o dengeyi bozacak herhangi bir hareketi yapmaktan çekinmesi öğütlenir.

Hem görünmeyende, hem de arz dünyasında beşer olarak korkunun ana kaynağı, sakınmaktır. Bu yüzden insan bilinmeyene karşı manasız bir korku duyar. Bu korku, kendisinden büyük bir gücün şiddetidir. Ancak bilgilendikçe bu korkunun yerini daha saygılı bir korku alır. O yüzden kutsal ayetlerde "bilinçlendikçe korku artar" vurgusu yapılır. Bilgi arttıkça acemi olan korku, yerini daha bilgili ve saygılı bir korkuya bırakır. Hayranlıkla dolu bir korkudur. Varlık tecrübe edindikçe korkusu, saygılı bir sakınma haline dönüşür. Çünkü O'nun terazisinin adaletini öğrenmiştir. Seçme özgürlüğü iradesinin gücünü kavramıştır. Bu "öğrenme ve kavrayış" durumuna içsel bir yöneliş ile saygı duyar. Korku durağına ulaşan kişi Saygı giysisini giyer.

- **Yorulma (nasab)**

Yorulduğunda tekrar işe başla Kur'an-ı Kerim İnşirah Suresi 7. Ayet

Yorulmayan, yorulma nedir bilmeyen tek Allah'tır.

Yorulma, sadece varlıkların erdemidir. Kur'anda, **yorulduğunda boşta kalma, ara verme, tekrar işe başla** öğretisi vardır.

Varlık olgunlaşma yolunda, gelişim yolunda asla boş kalmamalı, yorulmamalı, yorulsa dahi yürümeye, çaba göstermeye devam etmelidir. Varlığın özünde, cevherinde, gelişmek, terbiye olmak, olgunluğa erişmek vardır. Asla yorulma yoktur.

Niyetsiz yapılan her eylem, yorulma sebebi olur. Yorulmanın asıl nedeni, niyetsiz olmak, amaçsız olmaktır. Varlık bedenlenmeden önce tüm amaçlarını belirler. Ve madde Âlemlerine doğar. Bir hedefi amacı vardır ve bunu ihtiyaçları doğrultusunda gerçekleştirir.

*Nefsi, yapması gereken bir şeyle, ibâdetle meşgul et! Yoksa o seni yapılmaması gereken bir şeyle, meşgul eder, yorar **Hallac-ı Mansur***

Nefs, başlı başına bedendir. Yani kişinin kendisi. Kendi ile sürekli meşgul olan günümüz insanlığı, çok fazla yorgun düşmektedir. İnsanın kendi ile meşguliyeti değil, nefsini meşgul edecek işlere yönelmesi makbuldür. Yorgun insan anlamı, **Rabbini unutan ya da çok az hatırlayan ya da sadece sıkıntıya düştüğü zaman hatırlayan**dır. İşte bu yüzden insan yorgundur. Yorgun insan ölümlü insandır.

Yorulma, yorgun olmaktan farklı bir anlam taşır. Yorulma, varlığın maddeye karşı gücünün tükenmesi ve ondan vazgeçmesi anlamına gelir. Vazgeçtiği şey dünya maddesidir. Tasavvufta önemli bir yer yer tutan Vazgeçme, "Terk" kavramıdır. Maddeye karşı bir mesafedir. Madde ile kendi arasında bir kontrol mekanizması oluşturmasıdır. Terk, kişinin dirençlerini, kırılma noktasına getirir.

Yorulma durağına ulaşan kişi Terk giysisini giyer.

• Arama (taleb)

İşte bu kırılma noktalarına ulaşınca varlık, aramaya başlar. Çünkü aydınlanmıştır. Çünkü diri olduğunun farkına varmıştır. Çünkü ölümsüz ve daim bir varlık olduğunun farkına ve hissiyatına ulaşmaya başlamıştır.

Kim neyi taleb ederse ona ulaşır.

Kim neyi ararsa onu bulur.

Arama bir hatırlamadır. Hatırlama ise, Keşif ile olabilir. Keşif ise, insan bilincindeki algılamanın genişlemesi, farkındalık düzeyinin artması ve arayışının ve taleplerinin daha varlıksal düzeyde, daha ilahi düzeyde olmasının sağlanması içindir.

Hatırlama kavramı Tasavvufun önemli konularından biridir. Kur'an-ı Kerim'de, **hatırla** kelimesi çokça geçer. Birçok kutsal ayette, "hatırla" seslenişi vardır. Hatırla kelimesinde bir hipnozdan çıkış, uyanış ve diriliş çağrısı mevcuttur. Özellikle geleceğe dair olayların anlatılması ve o günün şartlarında hatırlanması çağrısı yapılır. Kıyamet gününden bahsedilir ve insana hatırla mesajı verilir. Peki gelecekte vuku bulacak bir olayı insan nasıl hatırlayacaktır? Yaşadığı ya da bildiği bir şeyi ancak hatırlayabilir insan. Hatırla çağrısı, beynin kullanılmayan kısımlarını çalışır hale getirme ve aktive olmasına yönelik yapılan bir tetiklemedir. Beyinde aktif olmayan ya da geçici olarak aktivitesini durdurmuş olan bezlerin, merkezlerin çalışmasını sağlayan bir emir kipi gibi görülebilir. Beyin, evrensel bir iletişim organıdır. Tam randıman ile çalışması, iletişimi güçlendirecektir. Kısaca, her hatırlama, bir keşiftir.

Toprak geldiği yere dönmeden, ruh onu veren Rabbe dönmeden, seni yaratanı hatırla! **Tevrat vaiz, 12:7**

Keşif, bakmadan görmek, duymadan işitmek, dokunmadan hissetmek, Tanrısal şuura varmak, bilinmeyen ile görünenin bir olduğu bütünsel bir anlayışa ulaşmaktır. Bilincin açılması, Keşiflerle olur. Keşfetmek için "aramak" gerekir. Dondurulmuş ve sınırlandırılmış bilinç ile arama, amaca uygun sonuçlar vermez. Bilinç sınırlarının açılması keşifler ile mümkündür.

Hatırlama, özündeki bilginin açığa çıkması, hiyerarşik düzenin farkına varılması ve sonsuz yaşamın mistik bir yol olduğunun kavrayışı ile mümkündür.

Arama durağına ulaşan kişi, Hatırlama giysisini giyer.

• Şaşırma (acep)

Hatırlama, yeni iletişim sahalarında bilinmeyenlerle karşılaşmayı da beraberinde getirir. Hatırlama şaşkınlığa ve şaşırmaya sebep olur. İletişimi güçlenen varlık, bu muazzamlık karşısında hayrete düşer. Hayret durumuna gelen varlık, aslında en önemli durumdadır. Hayret, Tasavvufta bir makamdır. "Hayret Makamı" olarak geçer.

İnsan, koskoca kâinatta, nokta kadar küçük bir zerreciktir. Önemsiz ve küçük bir ayrıntı olduğunu düşünür. Bu düşünce tarzı, normal insanlara özgüdür.

Ancak, o noktacık kadar küçük zerrenin ne denli kıymetli olduğunu öğrenmek varlığı hayrete düşürür.

Hayret durumu aydınlanmanın ilk aşamalarından ve önemli erdemlerinden biridir. Şaşırma mutluluk ve huzurla birlikte gelir. Varlık, Evrende kapladığı minik bir alan kadar iken, kalbinde, kâinatı taşıdığının farkına varır. Ve hayrete düşer.

Bu hayret hali, kalbindeki kendi özü fark etmesi ile başlar. Kalbindeki, incinin keşfi, kişinin hayretidir. Büyüklükteki küçüklük, küçüklükteki büyüklüktür.

Hayret durumu, olgunlaşmanın en önemli basamağıdır.

Ne yana baksan O'nun yüzü oradadır. **Kur'an-ı Kerim Bakara Suresi 115. Ayet**

İnsan küçük Âlem, kâinat büyük Âlemdir. Büyük Âlem olan kâinat, küçük Âlem olan insan gönlünde gizlenmiştir. Tasavvufta bu kavrama "Gönül İncisi" denir.

İşte o inci, Tasavvufta "Vicdan Sesi" olarak da bilinir. İnciyi keşfeden kişi, Âlemlerin Rabbine kadar uzanan hiyerarşik bir organizasyondan haberdar olur.

İşte bunun fark edilmesi, insanı hayrete düşürür. Büyüklük karşısındaki erdemin farkına varması, kişinin hayrettir.

Hayret Makamı, sorular denizidir. Sorularına cevaplar arayan insan, acabalarla dolu sorular zincirinin kör kuyusuna düşer. Aramaya, taleb etmeye başlar. Varlık neyi talep ederse, onu yaşar ve bu onu hayretten hayrete yolculuk etmesini sağlar. Şaşırma durağına ulaşan kişi Hayret giysisini giyer.

• **Yıkılma (Adeb)**

Aydınlanma aşamasındaki varlık için, Yücelik karşısında düştüğü şaşkınlık, yakın bir anda onun yıkımına sebep olacaktır. Eğer bu hayret durumunu iyi değerlendiremezse, şımarırsa, Tanrı olduğunu zannederek kibre düşerse, yıkılma durumu da yaşayabilir.

Yıkılma durumu birçok kavramla ele alınabilir. Küçük bir zerrenin içindeki dünyanın keşfine varıp da, kendini Tanrı gibi görürse çok geçmeden bir yıkıma, felakete uğrayacağı kesindir. Ben kelimesi bir ilah gibi kullanılırsa, kâinatta iki ilah ortaya çıkacağından dolayı, insan kendini küçük bir Tanrıcık gibi görecektir. Her şeyi bildiğini, gördüğünü, artık mutlak bir güce eriştiğinin sarhoşluğu içerisinde büyüklük taslayacaktır. İşte o zaman mutlaka bir hezimet yaşayacağı yıkılacağı ve hayal kırıklığına uğrayacağı kesindir.

İşte insanlığın içinde bulunduğu durum budur. Yıkılma anı ise kıyam etmedir. Tutulan dalların ellerde kalması, görünen her şeyin ardındaki enerjinin farkına varılması, yalnız ve terk edilmiş bir varlık gibi görünen insanın aslında yalnız olmadığı, kâinatta birçok yaşam formlarının da varlığının ortaya çıkması, insanın gerçekte bedenden ibaret olmadığının anlaşılması, vaatlerin geçersizliği, Dinlerin birer yol olduğunun farkına varılması, kıyam etmenin temelini oluşturacaktır.

Görünenin ardındaki enerji ile dopdolu bir evrenin, sayısız yaşam formlarının, bir nefeslik dünya hayatının rüya olmadığının anlaşılması, yıkıma ve darmadağın olmaya sebep olacaktır. İşte o zaman, yüzü olması gereken yere dönecektir. Rabbine. O gün kaçacak hiçbir yer olmayacaktır. İşte o vakit tek bir bilgi üzerine yoğunlaşır: Salt bedenden ibaret olmadığını, yaşamın **amaçlı bir yolculuk** olduğunu idrak eden insan, ölümsüz olduğunu anlayacaktır.

Gönül İncisi, ancak yıkılmış harab olmuş bir gönülde ortaya çıkabilir. İnsan, yıkılma anında, yalnız olmadığını anlar. Kendisine "Can damarından akraba" olan Rabbini hisseder.

Bu erdemli hissediş bir ilhamdır.

Yıkılma durağına ulaşan kişi, İlham giysisini giyer.

• Coşku (Tarab)

İnsanın kendi gönlündeki inciyi keşfetmesi yüksek seviyeli bir enerji meydana getirir. Bu yüksek erdemli enerjiyi dünyaya akıtması bir coşku halidir. Ariflerin, Peygamberlerin mucizeleri, idrak dışı hareketleri, sırlı sözleri, onların coşku halleridir. Coşku, Tanrısal boyuttan gelen ilahi nurun dünyaya akmasıdır.

Tasavvufta "dünya ermişlerin yüzü suyu hürmetine döner" kavramı vardır. Coşku ile akan İlahi nur, Tasavvufta "Diri Sular" olarak tanımlanır. Dünya maddesinin kuru toprağı, diri sular ile sulanır. Diriliğin, İlahi Nurun, dünya maddesi ile kaynaşması, enerji ile dolması, sulanması ve bereketlenmesi manasıdır. Ve bu ancak, insan varlığının erdemli bir coşku dolu akışı ile mümkündür.

Bu coşku halini Hallac-ı Mansur "İnsanın ayakları, başının üzerine gelir" olarak tanımlar.

Erdemli Coşku hali Âşk halidir.

Âşk ilahi bir sevgidir ve tüm yaratılışın hamuruna katılmıştır. Âşk olmasaydı, ne biz olurduk, ne dünya, ne bulutlar, ne yağmurlar, ne de çiçekler. Yoktan varlığa geçişin ana gayesi ÂŞK tır. İşte o Âşk, ilahi enerjinin dünyaya inmesi, akması, gürül gürül çağlaması, diri suların dünyayı beslemesidir. İşte tüm varlıkların beslenmesi bundan dolayıdır. Âşk sayesinde nefes alır ve yaşarız. Yaşam amacımız Diri Suyu, maddeye akıtmak ve tüm varlıkların bu akan sudan beslenmelerini sağlamaktır.

Coşku durağına ulaşan kişi Âşk giysisini giyer.

• **Tutku (Şereh)**

Hallac-ı Mansur Erdemli Coşkuyu, "ayakların insanoğlunun başının üzerine doğru yükselmesi" olarak tanımlar. Bu durumdaki insan, dünyanın olumsuz etkilerinden sıyrılır. Hırslarının esiri değil, onları yöneten olur. Egosunu kontrol eder. Bu durumlar, insanı tutkuya yöneltir.

Her bir durakta tuzaklar bulunur ve bu tuzaklar varlığın kabiliyetini ve güvenini tetikler. Eğer durağa uyum sağlamışsa, sonraki durağa geçebilir. Tasavvufta " her durak, ateşli yolların, dar patikaların yoludur" kavramı vardır.

Tanrı'ya giden tüm yollar engebelidir. Rahat değildir. Bilakis ıstıraplı ve acı doludur.

İnsan, **Bilgiyi aldım, Hakikate kavuştum, Tanrıya yaklaştım** dediği anda darmadağın olur.

İşte kabiliyetli ve güvenli olmak, çok büyük bir gönül işidir. Duraklarda en önemli kavram Sabırlı olmaktır. Halüsinasyonlara ve kandırmalara prim vermemektir.

Kişi, Tanrısal Yola girdiğinde, her bir durakta olgunlaşır. Ancak o zaman bir sonraki durağa geçebilir. Olgunlaşma ve gelişme hali çok önemlidir. Tasavvufta "Kor haline gelmiş bir kalp" olarak tanımlanır. Kalbi madde hırslarıyla değil İlahi Âşk ile doludur.

Tasavvuf, tutkulu kişi için "Âşk tüm bedeni kavurmuş, yakmıştır. Geriye hiçbir şey kalmamıştır" tanımını yapar.

İşte bu durum, kişinin tutkusudur. Bu tutku, kişinin ışık saçmasına sebeb olur. Kişi artık aydınlanmıştır. Etrafındaki

kişiler azalır. Yalnızlaşır. Yalnızdır ancak yalnız olmadığının bilincindedir. Çünkü Rabbinden gelen ilhamlarla dopdoludur. Bu ilhamlar, kişiye yalnızlığını unutturur.
Tutku durağına ulaşan kişi Yalnızlık giysisini giyer.

• **Doğruluk (nezeh)**

Doğruluk, Tamamlanma ve Arınmanın başlangıcıdır. O kapıdan **Doğruluk Dairesine** girmek için yanmak gerekir. Çünkü o kapı, ancak ve ancak biçimsiz olana açılacaktır. Aslında ortada bir kapı da yoktur, Âşk ile tutku ile yanan ve biçimsiz olan nurun ışığı ile dairenin içine giriş mümkündür. Dairenin içine girmek ve çıkmak diye bir durum da yoktur. Doğruluk ilahi bir dairedir ve artık orada huzur, dinginlik ve varlığın bütünlüğü, Rabbini tanıması vardır. Rabbin ne olduğunun bilgisine varma vardır. Yüce benliğin sonsuzlukta salınan, ilahi nur enerjisinin ve ruhi cevherinin tanınmasıdır bu. İşte bu doğruluk dairesidir. Çok çetin yollardan, dar patikalardan, ateşten arınmalarla kat edilen ve biçimsizliğin idraki ile dairenin oluşması, cevherin tanınması ile mümkündür. İşte bu doğruluk dairesidir. Ve ulaşılması gereken en önemli ve en uzun aşamalardan biridir. Çünkü biçimsizlik nurdur ve bu ilahi bir akıştır. Tam bir uyanıştır. Küçük dairenin tamamlanmasıdır. Tüm aşamalar dairenin çeperini oluşturur ve biçimsizlikle dairenin son noktası da tamamlanmış olur. Ve varlık tam bir tur ile tamamlanır. Bitiş bir son değil başlangıçtır.

Doğruluk Dairesi ile küçük daire tamamlanmıştır. Her tamamlanma bir başlangıçtır, asla son değildir. Diri olan kâinatta asla son yoktur, her daim başlangıç vardır.

Doğruluk Dairesi, konu başlığı olarak ele alındı. Bir sonraki bölümde yer alıyor.

Doğruluk durağına ulaşan kişi Hakikat giysisini giyer.

10 ve 40 arası Durak'ların Açıklamaları:

Bundan sonraki duraklar, bu dokuz durağı da içine alarak, davranış ve hareketi tayin eder.

Arapça Sıdk kavramı Tasavvufta çok önemlidir. İleriki konularda bu kavram daha detaylı açıklanacaktır. Sıdk yani sadıklardan olma hali. Sadıklar kavramı Tasavvufta bir Makamdır. Sadıklar Makamına ulaşma ve sadıklardan olma Hakikati temsil eder. Sadıklar Makamı, vicdan kanalının duyulması Hakk ve hakikatin apaçık ortaya çıkma durumudur. Artık varlık, görünenin ardındaki görünmeyenlere ulaşmıştır. Bu kalbindeki ışığı yakması ile mümkün olmuştur. Ulaşılması beklenen, sabırla razı olunan, erdemli bir durumdur.

Ancak her durak tuzaklarla, şaşırtmalar ile doludur.

Ateşten sıcak, kıldan ince, kılıçtan keskin bir yoldur. Dönemeçleri, engelleri, sınamaları ile doludur. Oldum derken olmadığını, erdim derken ermediğini, ulaştım derken ulaşamadığını bilmek gerekir.

Her durağın görünen ve görünmeyen kavramından bahseder Hallac-ı Mansur. Görünen hali egonun tam olarak terbiye edilmesi halidir.

Ego tam olgunlaştığı anda, beklenmeyen bir durumdan sınanır. Rabb yani terbiye eden sistem en umulmadık anda devreye girer ve beklenmedik bir olayla varlığı alt edebilir. Varlığın darmadağın durumunda gösterdiği tepkiye göre yol alması beklenir.

Sabrı, kabiliyeti ve Tanrıya teşekkür hali sınava tutulur. Varlık hiç çalışmadığı yerden sınanır. Kendisine nimet verildiğinde şükreden, belâ verildiğinde ise isyan eden bir varlık haline dönüşmesi an meselesidir.

İşte her anın, her saniyenin bir sınama ve terbiye amaçlı olduğunun unutulmaması gerektiği bir durumdur. Hiçbir zaman "tam olma" hali meydana gelmez. "Durağın tam hakkını verdim" dediği anda, başka bir evreye geçmesi an meselesidir.

İnsan yaşadığı sürece yani bedende olduğu sürece terbiye ve sınama hiç bitmeyecektir. Bitmek bir sona eriştir ki, kâinat düzenine aykırı bir durumdur. Bitiş ve son yoktur. Herkes bitişi ve sonu merak eder. Başlangıcı bilmeyen bitişi de bilemez. Başlangıç ne ise son da odur. Varlık her daim yeniden başlar.

Yenilenme, dönüşüm, yaratım her daim diridir ve sonsuzdur. Varlığın Sıdk hali, tam İman halidir.

Dünyada yaşamak kolaydır. Dünya maddesi ile dostça yaşamak da kolaydır. Fakat Rabbe giden yol zorludur. Zorluklarla doludur. Her saniyenin bir önemi vardır. Varlık her an bir sınanma içindedir.

Tasavvufta "denge" kavramı çok önemlidir. İnsan hem Rabbe giden yolda olup, hem de dünya maddesiyle denge durumunu koruyabilir. **Bu bir kabiliyettir.**

Bu kabiliyeti korumak, hem de çağın gereklerini yerine getirmek gerekir. Tasavvufta "El etek çekmek" kavramı vardır. Dünyadan el etek çekmek mümkün değildir. Bu Ariflerin ve Peygamberlerin denenmiş yoludur. Tanrıya ulaşmaya çalışan kişiler için değil.

Tamamen çekilme, yok oluş, soyutlanma, hiçleşme durumu söz konusu değildir. Çünkü hem hayatla iç içe olma, hem de hayatın bir sınama yeri olduğunu unutmama, daima hatırlama durumunda olmak gerekir.

Hepimiz biliriz, Sokrates'in ünlü sözünü "Ölçüt iyidir"

Ölçüt kavramı, Tasavvufta "dengeyi" işaret eder. İnsan Tanrıya giden yolda dengeli olmak durumundadır.

Dengeye kavuşan varlık artık etrafına ışık saçar. Konuşması doğruluk içerir. Teraziyi daima dengede tutmak onun görevidir. Bunu yapabildiği oranda ise ilerleme kaydedecektir. Yoldaşlık, sadece konuşma ile değil, örnek olma hali ile de mümkün olmaya başlar. Artık varlığın enerjisi, ışıltısı öyle genişlemiştir ki, kilometrelerce alanda hissedilir. Işığı ile aydınlatır, konuşmasa da ruhtan ruha akışlar söz konusudur. Dillerin, bedenlerin değil, ruhların konuşması başlar. Onun yanında kendinizi huzurlu ve sakin hissedersiniz. Huzur, dinginlik başlar. Aktarım sadece konuşma iletişim ile değildir. Görünmeyen enerji kuşatır, sarar, alır götürür.

Varlık özgürleşmeye başladığı andan itibaren elinde bulunan tüm yetkileri, sahip olduğu her şeyi sadece araç olarak kullanmaya başlar. Çünkü o görünenin ardındaki görünmeyen sırra ulaşmıştır. Her şey onun ilerlemesi ve gelişmesi için birer araçtır. Onlara tapmaz sadece kullanır. Mümkün olduğunca da egosunun maddeye kapılıp sürüklenmesine engel olur. Çünkü dengelidir ve kontrollüdür.

Spiritüalizm "her varlığın bir ruhu" olduğunu anlatır. Bilim "her varlığın bir titreşime sahip" olduğunu kanıtlar. Kutsal Kitaplar da "Her varlığın Rabbi olduğunu" vurgular. Kur'an-ı Kerim "Rabb" kavramına geniş yer vermiştir. Kitabımızın ilerleyen bölümlerinde bu konu daha detaylı aktarılacaktır.

İnsanın Rabbi, insanı terbiye eden görüp gözetici plândır. Kur'anda "İnsanın Rabbi, Âlemlerin Rabbi, Sabahın Rabbi, Gecenin Rabbi" olarak bir hiyerarşiyi gözler önüne serer. Rabb kavramı, görüp gözetleyici sistemdir. Hiçbir varlık başıboş ve kendi halinde değildir. Her varlık bir sisteme uygun hayat sürer. Fakat bu sistemleri yöneten daha büyük organize Rabb Plânları mevcuttur. Bu Plânlar, büyük organize işleri denetler ve yürürlüğe koyar. Tasavvufta "Allah kuluna, kulu ile el uzatır" kavramı önemlidir. Tanrı tüm işlerini varlıkları sayesinde uygular. Bu kişiler görevli kişilerdir. Hallac-ı Mansur bu görevli kişileri, Seçilmişler ya da Tanrının Öz dostları olarak tanımlar.

Seçilmişler ve Tanrının Öz dostları, Rabb Plânlarının organize ettiği görevleri yerine getirirler. Rabb Plânlarına dahil olan kişiler, Allah'a ulaşma yoluna giren kişilerdir. Bunlara Tasavvufta **Sadıklar** adı verilir.

Fakat Kur'an, "Sadıklarla beraber olun" uyarısını yapar. Kısaca, Sadıklardan olmak zorlu bir yoldur. Sadıklarla beraber olmak işin biraz daha kolay yoludur.

Sadıkların yolu zorlu bir yoldur demiştik. Allah'a ulaşma yolculuğudur bu. Varlığın beden ile kalp birlikteliği, koordineli irtibata geçmiştir. Birbirinden ne çok uzak ne de çok yakındır. Her daim sınama devam etmektedir. Dengeyi daima korumak zorundadır. Ancak her durakta bağlı olduğu plân değişir ve farklı yönlerden ilhamlar almaya başlar. Bu ilhamlar onun beslendiği ana kaynaktır, pınardır, can suyu, hayat plânıdır. Her insan belli bir plân doğrultusunda doğduğu gibi, yaşamı boyunca çeşitli plânları aşabilir ve plân değiştirebilir. Ve her plân onun beslenme kaynağıdır.

Kur'an-ı Kerim Kevser Suresi'nin birinci ayeti olan "Biz sana Kevser'i verdik" cümlesinde bahsedildiği gibi.

Tasavvufta "Kevser" kavramı çok önemlidir. Kevser bir Plânı temsil eder.

Verilen Kevser sembolik olarak nimet ve bolluk, rızk ve rahmet plânıdır. Burada İslâm Peygamberi Hz. Muhammed'in beslendiği plânın açıklaması yapılmaktadır. Akan, tertemiz, billur kaynaktır. Ruhu besleyen ve ruhlara akan, sadece kendini değil, etrafını da besleyen en güçlü pınardır. Allah'tan aldığı vahiyi insanlara vermesini bilen bir varlıktır.

Bastığı topraktan beslenen ve aynı zamanda, besleyen durumu oluşmaya başlar. Alışveriş daimdir, çünkü kâinat alış ve verişlerdedir. En zordayken alışveriş halini koruyabilmek, en zordayken üretken olabilmek ve en zordayken üretebilmek!

Bu yüzden her zaman evrenle rezonans halinde kalmak kolay değildir hatta imkânsızdır. Aynı tınıyı, aynı ritmi, aynı titreşimi, aynı rezonansta olma halini sürekli kalamayız. Herkesin bir hayatı ve yaşantısı vardır ve bunu devam ettirir, öfkelenir, kızar, şüphe duyar, kedere düşer, yalnız bırakıldığını zannı içinde kedere boğulur, sever, Âşk'la dolar, Âşık olur, mutlu ve huzurlu olur, kâbus görür, coşar.

Tüm bunlara rağmen yapılabilecek en doğru şey, sakin kalmayı başarabilmek ve ikinci adım ise, gözlem yapabilmek ve doğru kararı verebilmek için düşünceleri analiz edebilmektir. Tüm coşkulu hallerimiz bizim gerçek özümüzü bozmaz.

Şunu bilelim ki, bir olay iki kere tekrar etmez. Etse bile insan artık olgunlaşmış ve aynı olaya verdiği tepki farklılaşmıştır.

İnsan da olaylar da yenilenir ve yaşam devam eder.

❦

Duraklardan habersiz olanlara ne olacaktır? Milyonlarca insan, Rabbe ulaşma yolunda hiç çaba harcamazlar. Hatta haberleri dahi yoktur. Peki onlar ne yapacaklar?

Allah'a ulaşma yolunda Aydınlanan ve bu yola girenler, hayatlar boyu süren mistik bir yolculuğa başlarlar. Bu yoldan ve yolculuktan hiç haberdar olmayanlar da, Kıyamette hızlandırılmış şok etkisi ile Aydınlanacaklardır. Her iki ihtimalde de sonuç kaçınılmazdır.

Bakmadan görenler, duymadan işitenler ve gönül gözüyle iman edenler. Kıyam etme, aydınlanma, kim olduğunu bilme, kendini kaybettiği yerde arama ve kendini bilme zamanı çok yaklaşmıştır. Bu da ancak şok etkisiyle olacaktır. Çünkü insanlar uçurumun eşiğine gelmeden kim olduklarının farkına varamayacak durumdadırlar. Şimdiye kadar gelen tüm bilgiler insan içindi ve insanlık içindi, fakat hiç biri gerçek değerinde anlaşılamadı. Kıyam zamanında, her bilgi gerçek değerine, layık olduğu anlama ve yoruma kavuşacaktır. Yapabileceğimiz en doğru şey, imanla hareket etmektir.

İman etmek, kendinin ne olduğunu bilmek, Rabbini bilmek ve sonsuz yolculuktaki amacı anlayabilmektir. Bunu dünya yaşamında layıkıyla aktarabilmek ve eyleme dönüştürebilmektir. Bu yetiye sahip olabilmek için, bir şoka ihtiyacımız bulunmaktadır. Fiziki kıyam ya da şuurlarda oluşacak bir kıyam ile kendimizin ne olduğunu anlayabileceğiz.

İman etmek, hiçbir dinle ya da öğretiyle bir arada tutulmamalıdır. İman her şeyin ötesinde, tüm dünyasal ve maddesel değerlerin ötesinde, öğrendiğimiz tüm bilgilerin ötesinde üstün bir anlayıştır.

Bu ancak ve ancak, göremediğimiz bir değere, görmeden sahip olmaktır. Görmeden bilmektir, görmeden inanmaktır, şuurlu inançtır. Körü körüne inanç değildir. Tüm kalple ve tüm benlikle yapılan bir inançtır. Bilme halidir. Tasavvufta bu duruma "İman ateşi" tanımı yapılır.

İman ateşiyle yanarken, dünyasal hiçbir ateş sizi yakamaz.

İşaret alan, yani hidayete eren ise artık dosdoğru yolda ilerleyen, ışık saçan, iradesini, ilahi irade yasalarına göre yönlendiren, nefsini terbiye etmiş, başlangıca doğru yürüyen varlık olmuştur. Ölmeden Tanrıya ulaşmış, ruhunu Rabbe yöneltmiş, ışığı ile arınmış tertemiz bir iman ve yürek ile yoluna devam eden varlık olmuştur.

Hallac-ı Mansur'un önemle bahsettiği, kırk durak iç içedir, bir sıralaması yoktur, varlık her an gelişir, kabiliyete ulaşır ve durakları bir bir geçebilir ve başlangıca ulaşabilir.

Ve artık dünyaya doğmasına gerek kalmayabilir. Belki de görevli olarak istekli ve iradeli bir şekilde tekrar gelebilir. İşte bu bulunduğu ya da liyakati oranında ulaştığı plândan yay misali gerilir ve tam ulaşması gereken noktaya ulaşır, daha sonra yine aynı plânına geri döner. Besleyen aynı zamanda beslenen durumundadır.

❦

Thomas İncilinde şu söz çok anlamlıdır: *Sonu aradığınıza göre başlangıcın perdesini mi açtınız? Çünkü başlangıç nerede ise, son orada olacak. Mesut o kimsedir ki başlangıçta duracak ve sonu bilecek ve ölümü tatmayacak.* Her Peygamber, ait olduğu plânın bir temsilcisidir. Ve bunu korumak ile görevlidir. Hallac-ı Mansur bunu şu şekilde yorumlar: *"Bunu ancak peygamberliğin denenmiş yolunu izleyen anlayabilir. İki yay mesafesinde yaklaşan ve biçimler levhasının ötesine geçebilen kavrayabilir."*

Bunu şu şekilde anlayabiliriz; Kuantum dünyasının dışına çıkabilen, yani doğruluk dairesinden çıkan anlayabilir. Bu varlığın Miracıdır. Miraç konusu, ileriki bölümde alt başlık olarak anlatıldı.

Miracı gerçekleştirmek varlık için mümkündür, ancak mümkün olan en önemli durum ise, **bedenli iken bunu kavrayabilmek ve güçlü olarak hatırlayabilmektir.**

İşte Hallac-ı Mansur "Ene'l Hakk" sözü ile bu gerçeği ortaya koymuştur.

Çünkü Hallac-ı Mansur bunu en güçlü şekilde hatırlayandır.

Hatırlaması, Doğruluk Dairesinden dışarı çıkmadan ortaya koyduğu çok güçlü bir inançtır. Çünkü hiçbir varlık, bedende iken, kendi plânından direkt bilgi ve ışık aktaramaz. Tam açık şuura ancak Peygamberler ve Peygamber Işığı olanlar erişebilmiştir.

Hallac-ı Mansur, *"Hakikatin hakikatiyim. Sırrın sırrıyım, delilin deliliyim, tüm kâinat kalbimde, ben de tüm kâinatın kalbindeyim, gerçeğin gerçeğiyim, yaratıcı gerçeğim"* diye ifade eder.

Halktan kişiler bu sözlerin anlamını kavrayamaz. Ve dile de getiremezler. Bu cümlelerin anlamını da ancak açık şuurlular anlayabilir.

İsa dedi: *Hepsinin üzerinde olan ışık benim. Bütün benim. Bütün benden çıktı Ve Bütün bana erişti. Ağacı yarın, ben ordayım; taşı kaldırın, beni orada bulursunuz.* (Thomas İncili)

Doğruluk Dairesi

Doğru nedir? Hallac-ı Mansur'a göre **Doğru** Hakk'tır (elHakk).

Doğruluk Dairesi, O'nun ta kendisi değildir ancak bulunduğu yerdir. O'nun bulunduğu yer ile kendisi **aynı değildir**. Bulunduğu yer **doğruluk dairesidir**. Tevhidin simgesidir ancak Tevhidin kendisi değildir. O'nun iradesini, hükmünü, kanunlarını, ilahi irade prensiplerini içerir. Doğruluk dairesi, görünen ve görünmeyen her şeyi kapsar. Çünkü görünen ve görünmeyen bilgisi özünde cevherinde mevcuttur. Doğruluk Dairesi, muhteşemdir ve görkemlidir.

༈

Hallac-ı Mansur, Doğruluk Dairesi konusuna büyük önem vermiştir. Bu yüzden bir başlık altında anlatmak gerekiyordu:

Önce Hallac-ı Mansur felsefesinde insanın tanımını yapalım.

Elif harfi Arapçadır. Ve Kur'an-ı Kerim'in bazı Sure başlarında kesik harf olarak bulunur. Elif gizlidir ve görünmeyendir. Elif olmadan hiçbir harf dile gelmez. Elif Tanrısal bir ifadedir. Görünmeyeni temsil eder. Fakat Elif olmadan ses olmaz. Ba harfi Arapçadır. Besmele kelimesinin başında bulunur. Ba'nın sese gelmesi için Elif'e ihtiyacı vardır. Elif olmadan Ba sese gelmez ve o kelime söylenemez. Kuran Elif'in nefes vermesi sonucu, Ba ile başlar. Ba, insanın sembolüdür. Ba Tanrısaldır. Tanrı'dandır. Fakat Tanrı'nın kendisi değildir. Elif ile nefes bulan Ba'dır. Elif olmasa Ba olmaz. Elif nefes vermese Ba dirilemez. Ba'ya can veren, hayat veren Elif'tir.

❦

Gizlide Elif (ا) ile Açıkta B (ب)'yi temsil eden İnsan, durakların dokuzuncusuna ulaştığında, **Doğruluk Dairesine** giriş erdemine ulaşmış demektir. Dokuzuncu durak olan Doğruluk, durakların en önemlisidir. Çünkü küçük daire tamamlanmıştır.

Bu, zorlu yolculuğunda, kademe kademe ilerleyen ve engelleri aşan B varlığının, Doğruluk Dairesine ulaştığının ifadesidir.

❦

Doğruluk dairesi, **yaşam ağacı** olarak sembolize edilir. Candır, yaşamdır, ruh, madde ve zaman boyutlarıdır. Çokluk olarak, çeşitlilik farklılık olarak tezahür eder. Doğruluk dairesi dönüşümün ta kendisidir. Dönüşür ve dönüşümü daimdir. Asla yok olmaz, fazlalaşmaz. Sayısal olarak neyse odur.

❦

Ol ve Yaratım farklı iki kavramdır. Oysa insanlar bu iki kavramı birbirine karıştırırlar. Allah'ın Ol diyerek tüm varlıkları vücuda getirmesini **yaratım** olarak bilirler. Oysa böyle değildir.

Ol kelimesi, **yoktan var olana** yani **vücuda** gelmedir. Yaratım ise, Ol kelimesinden sonra başlar.

Doğruluk Dairesini iyi anlayabilmek için, bu iki kavramı detaylı incelemek gerekiyor.

Ol Emri ve Yaratım Eylemi Farklı anlamlar içerir.

Ol emri ile vücuda gelen İlahi Cevherler: Ruh, Madde, Zaman kavramları. Bu cevherler Özdür, Tanrısaldır ve Benzersizdir.

Bu cevherlerin ortak bir araya gelerek birleşimlerinden Yaratım eylemi başlar.

Yaratım, **çamurdan yoğrulma** meselesi ile anlatılır.

Kâinat yaratılır. Kâinat, benzersiz olan atomlardan oluşur. Titreşim boyutunda canlıdır. Fakat diri değildir. Diri kelimesi Tanrısal boyutta Hayy kelimesidir.

Atom boyutunda olan Kâinatın Dirilme meselesi gerçekleşmelidir.

Tanrı, Sesi ile vücuda getirdiği cevherlerin ortak birleşiminden yarattığı Kâinatı, Nefesi ile diriltir.

Maddenin Dirilmesi, titreşim seviyesinden Hayy seviyesine geçmesidir. Böylece, Durağan bir enerjinin, canlı bir forma dönüşmesi gerçekleşir.

Hallac-ı Mansur bu Diri Form'a, **Âdem Kâinatı** adını verir. Kutsal Kitaplarda bahsedilen "Halife Tayin Edilmesi" konusudur.

ఇ

Âdem Kâinatı, prototiptir. Öz ve Cevher bakımından Mükemmel, Eşsiz ve Benzersizdir.

Âdem bir kavramdır. Ekili toprak anlamını taşır.

Bu Ekili Toprak, "Tek Nefs"tir. Tasavvufta sıkça konu edilen "Nefs" kavramı, Âdem'in Özüdür. Kısaca Âdem'in yaratıcı kabiliyetidir.

Âdem'in Nefsi, içerisinde tüm bilgileri barındırır. Tanrının tüm isimlerine sahiptir.

Yaratıcı Kabiliyetin, işlevsel olabilmesi için Harekete ihtiyacı vardır. Bu hareket, İlahi bir İvme'dir. Kısaca Öz, İvme kazanır. Tanrısal Hareket ivme kazandığı anda, bölünür.

Kutsal kitaplarda Âdem ve Eşi olarak bahsedilen konu budur.

༺༻

Kur'an-ı Kerim bu durumu bir ayet ile belirtmiştir.

*İnsanı, Tek Nefs'ten ve ondan da Eşini yaratan **Kur'an-ı Kerim Nisa Suresi 1. Ayet***

Konuyu biraz daha anlayabilmemiz için farklı bir anlatım sunalım.

Aktif eril prensip Âdem, mükemmel formdur. Canlıdır ve madde ile ruh varlıkların ortaklaşa alanıdır. 1 rakamı ile sembolleşir.

Eşi, **pasif dişil prensiptir**. 2 Rakamı ile sembolleşir.

Her ikisinin çeşitli versiyonlarından, birleşmelerinden ise üreyen çoğalan canlı formlar meydana gelmiştir. **Erkekler ve Kadınlar**. 3 Rakamı ile sembolleşir.

Diğer kültürlerde bu konudan şöyle bahsedilir: **Monad (1)**, bünyesinde tüm varoluşu barındıran tüm bilgilerin tek sahibi olan varlıktır.

Diad (2) ise Monaddan türeyen zıttı olandır.

Ve bu ikisinin ortaklığından ise **Triad (3)** türedi ve çoğaldı.

༺༻

Hallac-ı Mansur da, yaratım konusunu tek bir cümle ile açıklar:

"Tek olana, kendi kendini birlemek yeterlidir." **Hallac-ı Mansur**

Âdem ve Eşi kavramları, önemli prensipler içerdiği konusuna değindik. Bu iki Öz kavramın çeşitli versiyonlarından meydana gelen "Türeme ve Çoğalma" kavramına bir göz atalım.

❧

Hallac-ı Mansur felsefesi, "Kavram" konusuna geniş yer verir. Kavram, ne kadar çoğalsa ve türese de, aslında Özünden ayrılmaz. Parçalar Bütünün bilgisini taşır.

Hallac-ı Mansur, Çoğul kavramların, **Tek ve Benzersiz** olduğunu vurgular. Bunu şu sözü ile aktarır. "Tanrı Tanrıdır, Âdem Âdemdir, İnsan İnsandır." Kısaca, her kavram kendi özünde Tek'liğe, Bütün'lüğe sahiptir.

❧

Evrende, Galaksiler, Yıldız Sistemleri ve Gezegenler vardır. Galaksilerin çekim alanında olan Yıldız sistemleri ve Yıldız sitemlerinin çekim alanında olan Gezegen Sistemleri. Ve Gezegen sistemleri üzerinde var olan organizmalar, canlılar ve insanlar.

Her Sistemin kendine özel Prensipleri vardır. Bu Prensipler, işleyiş mekanizmalarını, düzeni ve kanunları içerir.

Ve tüm Prensipler Tek bir Tanrısal Prensibe bağlıdır.

Hiyerarşik düzende, Çoğul olarak görülen bu Sistemler aslında Tek'liğin ifadesidir. Hiyerarşi Düzeni bozmaz. Hiyerarşi

Kopukluğun ifadesi değildir. Hiyerarşi başıboşluk ve düzensizlik değildir.

Böylece, Türeme ve Çoğalma bir kesinlik içermez. Çeşitlilik, farklılık, çokluk kavramları, Tek'lik Prensibine aykırı değildir.

Tanrı, Sesi ile vücuda getirdiği cevherlere ve o cevherlerin kombinasyonlarından yaratılan Âdeme ve Âdemin yaratıcı gücünün eseri olan Eşine ve bu ikisinden türeyen ve çoğalan varlıklara, Özgür bir İrade vermiştir.

Tüm Varlıklar, Tanrısal Özgür İradeleri ile Yaratmaya devam ederler.

Öz ve Cevher olan Tek'lik, ne kadar çoğalsa da ne kadar türese de Tanrısal Özelliğini kaybetmez. Bilim bunu Hologram Tekniği ile ispatlamıştır. Hologram'da "Parçalar Bütünün bilgisini taşır".

༺༻

Hallac-ı Mansur'un **Doğruluk Dairesinden çıkma** konusunu, Kutsal kitaplar, Âdem ve Eşinin Cennetten kovulması olarak sembolleştirmiştir.

Varlığın tüm çabası kovulduğu Doğruluk Dairesine tekrar geri dönebilmesidir. Bu içsel bir yolculuktur. Varlığın "Kendinden Kendine yaptığı bir yolculuktur."

Kovulma meselesi, "İstenmeme ve Red edilme" olarak değerlendirilmemelidir. Bu Prensip meselesidir. Burada varlığın Çabası çok önemlidir. Mükemmel bilgilere sahip olan varlık, özündeki bilgileri tatbik etmeli ve öğrenmelidir. Öğrenebilmesi için de Doğruluk Dairesinden dışarı atılmalıydı. Yani kovulmalıydı.

Kutsal kitaplar bunu Yasak Meyvenin yenmesi olarak sembolleştirirler. Kısaca, Doğruluk Dairesinden dışarı çıkması için bir "neden" gerekliydi. Ve bu "neden" bir amaç içerir: Bilginin Tatbik edilmesi amacını.

Doğruluk Dairesinin dışında olan varlık, tüm çabası ile tekrar ait olduğu Tanrısal Boyuta geri dönmeli. Doğruluk Dairesinin merkezinde olan Gerçeklik Bilgisine ulaşmalı. Ve tüm bu hareket, varlığın "çabasına" bağlıdır. Ve bu çaba da Varlığın, Tekâmülüdür. Kısaca Gelişimi ve Olgunlaşmasıdır. Ancak Tekâmül Sıçramaları yaparak Doğruluk Dairesi'nde ilerleyebilir.

࿇

Doğruluk dairesinin merkezinde olan **Gerçeklik Bilgisi** ancak Tanrı tarafından bilinen bir gerçekliktir.

Doğruluk Dairesinin Merkezindeki gerçeklik bilgisi, **Gerçek Kaynağın bilgisi** ile ilişkilidir fakat asla Tanrının tüm bilgisi değildir. Ancak Tanrının **Gerçek Kaynağından** bir damla olabilir.

Gerçeklik Bilgisi, derin bir seziştir. İşte bu sezgiyi alabilen kişi Ene'l Hakk diyebilir. Çünkü Gerçeklik Bilgisi, Doğru'nun bilgisidir. Doğru Hakk'tır. Ve bu derin sezişi hisseden kişi Hakk Benim diyebilendir.

Kişi Ene'l Hakk dese bile, Gerçek Kaynağın bilgisini bilmemektedir. Ancak Gerçek Kaynağın bilgisinden bir damla içerek Ene'l Hakk diyebilmiştir.

Ene'l Hakk, Doğruluk Dairesindeki merkezin gerçeklik bilgisinin özüdür. Derin seziş ve hissedişin, madde dünyasında sese gelmesi ve ortaya çıkmasıdır.

Bu yüzden Ene'l Hakk kelimesi, öyle boşa savrulacak, laf olsun diye söylenecek bir cümle olamaz. Doğruluk Dairesi'ne içsel yolculuğu ile ulaşan kişi ancak bu durumu, Ene'l Hakk diyerek sese dönüştürebilir.

Doğruluk Dairesinin Merkezindeki derin bilgiyi hisseden ve Ene'l Hakk diyerek bunu sese dönüştüren kişi, Gerçek Kaynağın bilgisini tam kavrayamaz. Daha önünde çok uzun ve zorlu bir yolculuk vardır. Hallac-ı Mansur, bunun mümkün olamayacağını vurgular. Yaratılmışlar, Tanrının Gerçek Kaynak bilgisine ulaşamaz.

Ene'l Hakk kelimesi, Tanrının Gerçek Kaynak bilgisinin bir damlası olan Gerçeklik Bilgisinin derin hissedilişidir. Ve daha sonsuz sayıda Gerçeklik Bilgisinin derin hissedilişleri gereklidir. Bu da Varlıklar için Sonsuz sayıda yolculuk demektir.

Doğruluk Dairesinde yol alan varlıklar için geri dönüş söz konusu değildir. Hallac-ı Mansur daireden bir süreliğine çıkışın gerçekleştirilebileceğinden bahseder. Bu da daireye dışardan bakmak anlamına gelir. Fakat Daireden çıkarak Âdem Kâinatına dışardan bakabilmesi için bazı şartlar gerekir. Hallac-ı Mansur **Doğruluk Giysisini giyebilen ancak Doğruluk Dairesine dışarıdan bakabilir** tanımı yapar. Kutsal Kitaplarda Miraç olarak bahsedilen konu budur.

Doğruluk giysisi, Doğruluk Dairesinin merkezindeki gerçeklik bilgisidir. Merkeze ulaşan ve bilgiyi alabilen varlık, o bilgi ile donanır. Bilgiyi alan varlık, Doğruluk Dairesinden çıkabilir ve Âdemi Kâinatını dışardan seyredebilir.

Varlık doğruluk dairesinden ancak doğruluk giysisi ile çıkabilir. Ve çıktığında da derin bir ah çekecektir. Çünkü gerçek huzurun, gerçek dinginliğin, birliğin ve Tanrısal Boyutun Varlığını hissedecektir. Ancak o zaman doğruluk dairesine yani Âdem Kâinatına dışarıdan bakabilecektir. Tüm yaratılanlar için derinden bir üzüntü yaşayacaktır.

Hallac-ı Mansur İslâm Peygamberi Hz. Muhammed için "Bir tek o çıkabildi daireden. Ve tüm yaratılanlar için derin bir ahh çekti" demiştir.

Doğruluk giysisi korunma amaçlıdır. Çünkü varlık, bilgiyi almadan doğruluk dairesinden çıkamaz. Bir astronotun uzay kıyafetiyle uzay boşluğunda durabilmesi ile aynıdır. Uzay boşluğunda, kıyafetsiz olarak durduğunda parçalanır ve ölür. Onu ancak astronot kıyafeti koruyacaktır. Bu örnek, Miraç olayına basit bir yaklaşımdır. Asla gerçek anlamını taşıyamaz.

Hallac-ı Mansur, bu kelimeleri iyi anlayabilmek için şu tanımı yapar. "Dört kuş al ve kendine çevir. Çünkü Tanrı Uçmaz".

Dört Kuş kavramı, Hallac-ı Mansur'un üzerinde en çok durduğu kavramdır. Bu konuyu ileriki bölümlerde, üst başlık altında, daha geniş olarak anlattım.

Dört kuş konusu Kur'an-ı Kerimde geçen bir ayettir.

Dört kuş al ve kendine çevir. **Kur'an-ı Kerim Bakara Suresi 260. Ayet**

Tanrı uçmaz.

Merkez dairenin içindeki gerçeklik bilgisi de uçmaz.

Tanrı uçmaz, ancak uçanların bilgisini özümser.

Merkez dairenin içindeki Gerçeklik Bilgisi de uçmaz, ancak uçanların bilgisini özümser.

Kuşu uçuran, insanı yürüten, denizi dalgalandıran, rüzgârı estiren güç Tanrısal güçtür. Fakat Tanrının kendisi değildir.

Doğruluk dairesinin merkezindeki Gerçeklik Bilgisi, bir güçtür. Ve o gücün bilgisini alan ancak daireden dışarı çıkabilir.

Bu yüzden Allah, İbrahim Peygambere "Dört kuş al ve kendine çevir" diye seslenir.

Merkezdeki gücün bilgisini alan İbrahim, dört kuşu kendine çevirir.

Dört kuş, tüm Kavrayışların Özündeki bilgiye ulaşmaktır.

Kendine çevir, doğruluk giysisini giy demektir.

Doğruluk dairesinde sonsuz sayıda yaşam dolu gezegen vardır. Dünya bunlardan sadece biridir.

Kabe Kavseyni

Hallac-ı Mansur Felsefesi kavramları arasında Miraç önemli bir yer tutar.

Hallac-ı Mansur Miraç kavramını, şifreli ve anlaşılamayacak şekilde aktarır. Anlatmaya çalıştığı şu şekilde yorumlanır.

Âdem ile Rabb arasında iki yay boyu uzaklık vardır. Kuranda bahsedilen tanım Kabe Kavseyni'dir.

Kavseyni **iki yay arası** anlamındadır.

Kabe **mesafe** anlamındadır.

Kavseyni, kavis ya da yay demektir. İki gözün görüş mesafesine giren, çemberin bir kısmıdır. Görüş mesafesine giren bir kısım alan anlamındadır. Dairenin, görüş mesafesine giren kavis alanıdır. Kavis, bir eğriden alınan parçadır. İki nokta arasındaki mesafedir.

Hallac-ı Mansur bu tanımları tek bir kelime ile aktarır: Ayn

Ayn Arapça bir kelimedir. Anlamı göz, kaynak ya da pınardır. Aynı zamanda AYN, **aslı** ya da **kendi gibi eşi** anlamında kullanılır.

Hallac-ı Mansur'un neden AYN olarak kullandığına gelince: Ayn(ع), şekil itibari ile iki yaydan oluşur. Alt alta gelen iki yay şeklindedir. İşte Hallac-ı Mansur "iki yay boyu uzaklık vardı" anlamını AYN ile tanımlar.

AYN kelimesi ile mesafenin varlığını vurgular.

O mesafeden Tanrı'nın görülebilmesi için de BAYN kelimesini kullanır.

Çünkü Miraca çıkan ve Tanrıyı görecek kişinin gözlere ihtiyacı vardır. Fakat Miraç olayı bedenle değil, içsel bir hissediş ile yapılabilir. Artık orada dünyasal göz yoktur. İçsel bir AYN bakışı vardır. Bu da iki yay uzaklığında bir mesafe gerektirir. Hallac-ı Mansur Tanrıyı görebilmek için "nerede" sorusunun sorulmasını vurgular. Hiçbir yerde olmayan Tanrı "nerede" olabilir? İşte bunun için BAYN kelimesini kullanır.

Hallac-ı Mansur'un ünlü sözü olan **«Nerede» hedefini, «arasında» okuyla vurdu (AYN ve BAYN)** açıklaması budur.

Ayn ve Bayn, iki yay mesafesinden biraz daha yakın olma durumudur: **Özün Özü**

༖

"Nerede" konusu çok geniş bir tanımdır. Cevap: Hiçbir yerde!

Tanrı hiçbir yerde değilse Onu nerede aramalıdır?

Hallac-ı Mansur, "Ancak Hakikat bilgisine ulaşan ve Doğruluk Dairesinden dışarı çıkabilen kişinin ulaşabileceğini" vurgular.

"nerede" kavramını, **"arasında" oku ile vurma. AYN ve BAYN. Hallac-ı Mansur, ancak "arasında" oku ile vurabilen Özün Özü olana yaklaşabilmiştir** tanımını yapar.

Daha önceki konuda Yörüngelerden bahsetmiştik. Her varlığın bir yörüngesi olduğundan.

Kabe kavisinin önemle vurgulanması bundan ibarettir. Her varlık birbirine belirli mesafelerde bir yörünge ile hareket etmektedirler.

Tıpkı Atom ve Atom altı parçacıkların yörüngeleri gibi.

Tıpkı Gezegenlerin, Yıldızların ve Galaksilerin yörüngeleri gibi. Mikro düzenden, Makro Dünyalara kadar varlıklar birbirine temas etmez. Her birinin arasında mesafeler vardır.

Mesafenin Önemi

Allah, göklerin ve yerin Nurudur. **Kur'an-ı Kerim Nur Suresi 35. Ayet**

Hallac-ı Mansur, her görünenin Tanrıdan yansıdığını, Nurun Nuru olduğunu ifade eder.

Varlıklar, hangi yolu denerlerse denesinler, Tanrının sırrına ve "amacına", aynı zamanda bulunduğu yere, asla ve asla ulaşamazlar.

Varlık, her yaklaşmak istediğinde, Tanrı ile arasında iki yay mesafesi olacaktır. Bu en yakın mesafedir. Özün özüne olan en yakın mesafe. Hallac-ı Mansur, bu mesafeye yaklaşanın ancak İslâm Peygamberi Hz. Muhammed olduğunu belirtir.

Daha da fazla yaklaşmak imkânsızdır.

Böylece, Rabbin tanınması aşaması, hayatlar boyu sürecek olan zorlu, yorucu bir mistik yolculuktur.

Tanıma sürecinde, "gördüm, dokundum" meselesi asla gerçekleşmeyecektir.

Bu yüzden Tanrıyı Arama ve Tanrıya Ulaşma kavramı, sonsuz bir yolculuktur.

Mesafeler olmasaydı, ne Tanrı ne de Varlıklar olurdu.

Ortada ne Kâinat ne Atom ne de İnsan kalırdı. Her bir zerre diğeri ile çarpışır ve parçalanırdı.

Mesafe, Yaşamın Özünü Koruyan bir kavramdır.

Levh-i Mahfuz

Levh-i Mahfuz, Kuran'da bahsedilen bir kavramdır. Çeşitli isimler almıştır: Korunmuş Levha, Kayıtlar Levhası, Biçimler Levhası, Âdem Kâinatı veya Doğruluk Dairesi olarak tanımlanır. İnsan öyle bir noktadır ki, tüm kâinatı içerisinde barındırırken, aynı zamanda kâinatın içerisinde yer almaktadır. Bu durum, anlayışı ve kavrayışı çok zor bir durumdur. Çünkü maddenin içindeyken, aynı anda maddenin varlık içinde olduğunun Hakikatidir. Hallac-ı Mansur, konuyu anlamak için, biçimler levhasının dışına çıkmak gerektiğini belirtir. Bu da Doğruluk Dairesinden Miraç etmektir.

Hallac-ı Mansur, Levha'nın dışına çıkabilen ve görünmeyen dünyanın sınırına yaklaşan, iki yay boyu mesafesine erişenlerin anlayabileceği görüşündedir.

Hallac-ı Mansur'a göre, peygamberliğin denenmiş yolundan gidenlerin deneyimlemesi mümkündür.

Bu gerçekleştiğinde neler olacağını da bize anlatmıştır:

İşte orada kullanılan harfler artık Arap harfleri değildir. Konuşma değildir, ruhtan ruha bir akış, nurdan nura bir akıştır. Orada bir konuşma, bir görüşme, bir karşılaşma mümkün değildir. Bu bizim algılarımızın dışında gerçekleşen ve asla idrak edemeyeceğimiz, bedenli iken kavrayamayacağımız bir durumdur.

Levh-i Mahfuz, madde kâinatının, kodlamalarını tayin eden, ana bilincin, ana kayıtların olduğu bir oluşumdur. Ve biz bedenli olanlar asla bu Levh-i Mahfuz dışına çıkıp da bedenli iken bedensiz hali tatbik edemeyiz. Bu ancak ve ancak seçilmişlerin yapabileceği, ulaşabileceği bir erdemdir.

Bunu kavrayabilmemiz için de bu liyakate erişmiş olmamız gerekir. Hallac-ı Mansur bunun idrak edilemeyeceğini vurgular.

Kayıtlar Levhasının dışına çıkıldığında, ruh gözü ile görme durumu, işitme durumu gerçekleştiği zaman, orada konuşma ve sözcük kalmamıştır. Bütünsel bir idrak ve kavrayış yer alır. Mansur, orayı anlatan en iyi kelimenin "MİM" olduğunu vurgular.

Mim(ρ), Arapça bir harftir. "Son" anlamını taşır. Mim, secdedir. Öz ve cevheri ile Rabbi tanıyan ve ona itaat eden anlamındadır. Mim Arapçada rakamsal olarak kırkı (40) ifade eder. Tamamlanmayı simgeler. Tamamlanan varlık artık miracını yapabilir.

İşte bu cevher halini alabilmek öyle kolay değildir. Yaptım demekle yapılamaz. Ulaştım demekle ulaşılamaz. En başta sabır gerektirir. Çaba gerektirir. Ağırbaşlılık ve Erdem gerektirir. Hallac-ı Mansur bu durumu **"Peygamberliğin denenmiş yolu"** olarak tanımlar.

Tüm hayatları boyunca, bedenin hakikatini ve amacını kavrayabilmek ve erdemli anlayışa ulaşabilmek, beden içerisinde dirilmek ile mümkün olabilir.

Mim olmak, Varlığın kendini Açık etmesidir. Bir Işık olmasıdır. Tasavvufta bu duruma "kandil" denir.

Hallac-ı Mansur, İslâm Peygamberi Hz. Muhammed'e duyduğu Âşkı **"Allah'ın Nurundan bir kandil. Dünyaya Işık oldu ve Kaynağına geri döndü"** sözü ile ifade eder.

Biçimler Levhasının ötesinde, henüz Âdem Kâinatına doğmadan önce: Konuşma konuşma değildir, Görme görme değildir, İşitme işitme değildir.

Sözler etkisiz kalır, çünkü orada sadece nurdan nura akış, ruhtan ruha akış ve ruhsal iletişim söz konusudur.

Çünkü ortada bir konuşma ve kelime yoktur. Söyleyecek dil, duyacak kulak ve görecek göz yoktur. Sadece titreşim ve rezonans vardır.

Bu durum, Bilimde Kuantum Kuramının keşfettiği, **tüm kâinat atomları, aynı anda birbiri ile iletişim halindedir** ifadesi ile benzer anlamı içerir. Evrenin aynı anda haberleşmesi konusunu, **bir konuşma ve kelimelerle değil, enerjinin enerjiye aktarılışı** şeklinde düşünmeliyiz.

Kalu Belâ

Sözsüz iletişime Kur'an iyi bir örnek verir. Henüz bedenlenmemiş ruhların, Levh-i Mahfuz sınırında Rableri ile yaptığı konuşmadır. Bu sözsüz iletişim, Biçimler Levhasının ötesinde gerçekleşir.

Bu karşılaşma ve konuşma, bizim idrak edebileceğimizin çok daha ötesindedir.

Orada, soru cevap yoktur. Çünkü bedenlenme hali yoktur.

Ruhların toplanma yerinde, Rableri Ruhlara soru sorar:
Arapçası: Elestu bi Rabbikum,

"Ben Sizin Rabbiniz değil miyim" **Kur'an-ı Kerim, Araf Suresi /172. Ayet**

Soran Yaratıcı kuvvettir, Rabbdir. Ruhları aşama aşama terbiye eden, düzenleyici, Tekâmül ettirici ve görüp gözeticidir. Ve Rabb ruhlara seslenir, bu sesleniş ancak ve ancak nurdan nura bir aktarım, bir ilham, sezgi ve madde ötesinde bir kavrayış ve mana içerir.

Ben sizin Rabbiniz değil miyim?

Tasavvufta bu kavram **Bezm-i Elest** olarak geçer. **Bezm** kelimesi Arapçadır ve "Irmak kıyısında ve Gül bahçeleri arasında çember şeklinde toplanma" ifadesidir. **Elest** kelimesi Arapçadır ve "Ben değil miyim?" sorusudur.

Ruhların bu soruya karşılık verdikleri cevap hayli ilginçtir:

"Kalu Belâ" (Kur'an-ı Kerim, Araf Suresi/172.Ayet)

Kalu *kelimesi Arapçadır ve "Dediler" anlamını taşır.*

Belâ *kelimesi Arapçadır ve "Evet" anlamını taşır.*

Tasavvufta "Kalu Belâ" kavramı çok önemlidir. İnsanlar arasında yaygınlaşmış bir deyim olarak da kullanılır. "Kalu Belâ'dan beri tanışıyoruz." "Kalu Belâ'dan beri birlikteyiz" halk arasında sıkça kullanılan bir özdeyiştir.

"Elest" sorusuna verilen cevap "Belâ"dır. "Değil miyim?" sorusuna karşılık "Evet" anlamına gelir.

Bedenlenmeden önce, Biçimler Levhasının gerisinde ve Rabblerine en yakın mesafede, iki yay genişliği mesafede ruhların Rabbleri ile yaptığı bir Anlaşmadır. İlahi bir Anlaşma ve Tanrısal bir Akiddir bu. Kesinlik ve Netlik içerir. Hiçbir şüpheye yer yoktur. Sonsuzluktan, Sonsuzluğa kadar, Rabb'lerine verdikleri bir Yemindir.

Hallac-ı Mansur Felsefesinde "Rabb sürekli konuşur. Ancak onu bazı kişiler işitir" kavramı vardır. O bazı kişilerden biri de kendisidir. Kısaca, "Varlıklar sadece ruhsal ortamda Rabb'lerini duyacaklardır" diye bir kavram olamaz. Hallac-ı Mansur, "İnsanın da bir ruha sahip olduğunu ve bedende iken de Rabbin sesini duyabileceğini" açıklar. Ve Hallac-ı Mansur Rabbinden gelen sesi daima işiten kişidir. Bu konuya ilerde "İlham" başlığı altında genişçe yer verildi.

• Belâ Kavramı

Belâ kavramı Tasavvufta çok önemlidir. Kur'an-ı Kerim "Belâ" kavramına geniş yer vermiştir. "Kalu Belâ" da "Evet" anlamına gelen Belâ kavramı, başka bir ayette farklı bir anlam taşır.

Rabbden gelen belâlar vardır. **Kur'an-ı Kerim Bakara Suresi 49. Ayet**

Rabbden gelen belâ manası, Rabbden gelen nimettir.

Çünkü "Kalu Belâ'da yapılan İlahi anlaşma, "evet Rabbimizsin" idi. Ruhların bir onayı idi. Her koşulda tereddütsüz bir kabulleniş.

Rabbden gelen belâ ise, Rabbden gelen nimet, kısmet, rahmet, imtihan ve terbiyedir.

Kalu Belâ'da Ruhların "Evet Rabbimizsin" sözü, bir eşitlik, denklik içerir. Tereddütsüz Onayda, Ruhlar aynı kararı vermişlerdir. Çünkü henüz Biçimler Levhasının ötesindedirler. Ruhlar Âlemi Benzersizdir ve Görkemlidir. Orada "Onay" bir kesinlik ve netlik" içerir.

Fakat Dünyaya doğduklarında işler değişecektir.

Çünkü ruhlar, Âdem Kâinatına geçiş yapmışlardır. Biçimler Levhasının Kanunlarına uygun yaşayacaklardır. Burada eşitlik, netlik ve kesinlik olmayacaktır.

Çünkü Biçimler Levhası olan Kâinat çeşitlilik, çokluk ve farklılık içerir.

Kimi daha ıstırapta, kimi mutludur. Kimi çok zengin, kimi yokluk içinde olacaktır. Tüm bu kavramların denkleşmesi için terbiye gereklidir. Çeşitli sınavlarla terbiye edilen varlıklar, olgun bir kıvama ulaşana kadar sürecektir.

İşte bu olgunlaşma yolunda Terbiye Sistemi önemli bir yer tutar. Terbiye Sistemi, Rabbden gelen Belâlar ile mümkündür. Çünkü Rabb Terbiye Edici sıfatını taşır. Rabb kavramı, Olgunlaştıran ve Hatırlatan anlamını taşır.

Bu yüzden Rabbin her türlü "belâ"sı nimettir, rahmettir.

Halk arasında "Belâ" **kötü olaylar organizasyonu** olarak algılanır. Ve "beddua" olarak yorumlanır. "Belâ Okumak" halk arasında bir deyiştir. Birine "Belâ okuyan" kişi, o kişinin acı çekmesi yönünde bir niyet etmiştir. Bu yüzden halk arasında "nimet ve rahmet" kelimeleri daha fazla yer tutar. "Belâ" kelimesini kullanmaktan kaçınırlar.

Tasavvufta "Belâ" kavramı, "Gelişimi hızlandırıcı, Olgunlaşmayı destekleyen" bir anlam içerir. Çünkü Belâ ile imtihan edilen kişi çok ıstırap çeker. Tasavvufta ıstırap geliştirici ve olgunlaştırıcıdır. Kısaca, "Tekâmülde Sıçrama" yaratır.

İyilik, hoşluk, bolluk, nimet, rahmet ve güzellik içindeyken insanlar tam olgunlaşamazlar. Olayların amacını anlayabilmeleri için "Rabblerinden gelen Belâya" ihtiyaçları vardır. Çünkü "Belâ" bedeni terbiye eder.

Hallac-ı Mansur bu konuyu çok güzel bir şekilde ifade etmiştir:

"Rabbim, İnsanlar, seni verdiğin nimetler yüzünden severler, bense seni verdiğin belâlar yüzünden severim." **Hallac-ı Mansur**

İlham

Hallac-ı Mansur'un belirttiği gibi, Biçimler Levhasının gerisinde, iki yay mesafe uzaklığında olabilmek için, bedenin tüm sınırlarını aşmak ve Kelime dışına çıkmak gerekir. Ve orada artık kelimeler yoktur, hiçbir harf yoktur, sadece MİM vardır.

Kur'an-ı Kerim'e göre, Ruhlar dünyaya doğmadan önce, Rabblerini görebilir ve işitebilir.

Hallac-ı Mansur, bunun dünyada da mümkün olabileceğini vurgular. Ruh varlığı olan insan da bedenlendiğinde Rabbini görebilir ve işitebilir. Bu ruhu olan her varlık için geçerlidir. Sadece Peygamberliğin denenmiş yolunda olanlar için değil. Tüm varlıklar için geçerli olabileceğini vurgular.

Kısaca, her insan Rabbini işitebilir. Bunun "İlham" ile olabileceğini vurgular Hallac-ı Mansur.

Öyle zamanlarımız olur ki, içimize doğan bir takım sezgileri ve ilhamları, güçlü ruhani etkileri, kısa süreler hissederiz.

İşte o kısacık zamanda, inanılmaz bir enerji ve güç alırız. Dünyayı kucaklar, kâinat ile bir nefes alırız, daha sonra yine kendi halimize döneriz.

Ancak o yaşanılan kısa süreli zaman, binlerce yıllık bir coşkuyu içerir. Gerçekleşir ve kaybolur. Biz sadece o anın şoku ve coşkusu ile kendimizden geçeriz. İşte bu anlarda bazı derin duyuşlarımız ve sezgilerimiz olur. Bunlara "İlham" adı verilir.

Hallac-ı Mansur Felsefesinde "İlham" çok önemli bir yer tutar. Çünkü İlham Allah ile İnsanın saygın ve erdemli iletişimidir. Ve İlham bir haktır. Her insanın, her canlı ya da cansız varlığın ilham almaya hakkı vardır.

Peygamberlerin, Velilerin ve Aydınlananların coşku hali biraz daha uzun sürer. Çok daha derindir. O anlarda söyledikleri sözler, ne kadar manalı ve derindir. Bu duruma Tasavvufta **sekr hali, vecd hali** denir. Bu durum, kendinden geçiştir. Tanrı ile karşılaşma ve Tanrıyı işitme halidir. Ruhani bir durumdur. Ruhani bu durumdan çıkan kişi, genelde söylediklerini hatırlamayabilir. Ruhani durumda neler olduğunu da genelde hatırlamazlar. Hatırlasalar bile, asla kimselere söyleyemezler. Tasavvufta "derin sarhoşluk" adı verilen bu durum, herkesin kolay kolay ulaşabileceği bir durum değildir. Derin sarhoşluk anında hissedilenler, hatırlananlar asla halktan kişilere bahsedilmez. Eğer söyleyeceklerse bile, gizemli hale getirip sembolleştirerek ifade ederler. Söze ve yazıya dökerler. Tanrının sözleri Apaçıktır ve Sadedir. O sözleri işitip, Sırlı ve gizemli hale getirenler ise Veliler, Peygamberler ve Aydınlananlardır. Tasavvufta "Tanrı sözleri halktan kişilere söylenmez. Ancak sembolleştirerek ve gizemli hale getirilerek" aktarılır. İşte bu aktaranlar Tasavvufta "Arifler" başlığı altında toplanır.

Ancak Hallac-ı Mansur'un Ene'l Hakk sözü bu bahsettiğimiz durumların biraz dışındadır. O bizzat Hakk olduğunu vurgulamıştır. "Ben Hakkım" demiştir.

Bunu hem vecd halinde kendinden geçtiği zaman ifade ettiği gibi, normal halde iken de ifade etmiştir.

Tanrıdan işittiğini sembolleştirmeden Açık şekilde halktan kişilere söyleyenler ölümle cezalandırılır. Çünkü Halk bu sözlerin derin anlamlarını kavrayamazlar. Zaten Hallac-ı Mansur da "Ene'l Hakk" dediği için öldürülmüştür.

İnsanın bedende iken Tanrıya ulaşması, Tanrı ile arasında gizli kalmalıdır. Bu bir sırdır. Anlaşmadır. Eğer bu durumu halktan kişilere aktarırsa, sonuç korkunç olacaktır. İnsan bu anlaşmayı bozarsa, sırrı aktarırsa, teşhir ederse, Tanrı onu yanına alacaktır. Yani bu kişinin dünyada ölümü gerçekleşecektir. Hallac-ı Mansur, bu sırrı gizleyememiştir. Bu sırrı aktarmış, teşhir etmiş ve her durumda Hakk olduğunu ifade etmiştir. İşte bu yüzden, Tanrıya bir an evvel kavuşturulmalıdır.

Sırra vakıf olan, sırrı kalbinde barındırmalı, ancak onu anlayabilecek ve paylaşabileceği, erdemli olanlara aktarmalıdır.

Halka aktarmak yanlış bir yoldur. Kibirli varlıkların anlayabileceği, kavrayabileceği bir durum değildir. Çünkü madde dünyasının bir dengesi, kanunları vardır. Ulu orta sırların ortaya dökülmesi, ifşa edilmesi çok alışageldik bir durum değildir. Çünkü insanoğlu ruhları, ezelde, Rabblerini tanımış bilmiş ve o antlaşma ile yeryüzüne inmişler ve bunu bildikleri halde unutmuşlardır. Unutma, dünya insanının genel bir özelliğidir. Ancak unutarak, bir takım sınavları geçebilecektir, terbiye olabilecektir, dünyada yaşayabilecektir.

Kimlerdir bu sırlı sözleri söyleyen Arifler:

Dünyaya doğmuş ve peşinden kitleleri sürüklemiş, verdiği bilgilerle insanlığa ışık tutmuş, insanların yollarını aydınlatmış Ariflerin Sırlı Sözleri.

Arifler, Sırlı sözleri ile kimi zaman takdir ve itibar görmüş, dünyaca tanınmış, kimi zaman da anlaşılamadığı için zulüm görmüş hatta öldürülmüşlerdir.

Ariflerin sırlı sözleri kimi zaman tek bir kelime, kimi zaman tek bir cümledir. Fakat o tek bir kelime ya da tek bir cümle, Tanrısal Boyutu anlatmaya yetmiştir. Bu muazzam ilhamlar, dünya insanlığını aydınlatmış ve yol göstermeye devam ediyor.

Sırlı sözler, ruhsal akışlar, ayetler, kutsal metinler insan için, çok doğru ve önemli şifreleri, hayat ve yaşam ile ilgili formülleri sembollerle kapalı olarak, bizim yorum yapmamız için aktarılmıştır.

Tek bir cümle, sayfalar dolusu yorum çıkabilecek özellikler taşır. Ama anlayabilene ve yorum yapabilene!

Bunca formül varken, hala arayış, şaşkınlık içerisinde olmak, çaresiz çırpınışlar içerisinde olmak büyük bir ironidir. Oysa yaşam anahtarları, yaşam formülleri zaten bizlere yeterince verilmiştir.

Arifler tarafından, her şey söylenmiş, iletilmiş insanlığa. Akışlarla, ayetlerle, kutsal kitap ve kutsal yazıtlarla! Bu kutsal sözler, her zamanın ve mekânın şartlarına ve anlayışına uygun olarak gelmiştir.

Son zamanlarda, Bilim yeni keşifler yaptıkça ulaşılan gerçekler, Ariflerin Sırlı sözleri ile benzeşmektedir. Benzerlikten öte, bilimsel araştırmalarda varılan sonuçlar, Ariflerin sırlı sözlerine bir kanıttır.

Arifleri anlatmak birkaç cümleye sığmaz. Ben de, Türkçe baskısı **"Arif için Din Yoktur"**, İngilizce baskısı **"The Enlightened are Not Bound by Religion"** adlı kitabımda, Arifler konusuna çok daha geniş yer verdim.

Bir Arifin sırlı sözlerine tanık olmak istersek Hallac-ı Mansur'a kulak verebiliriz: **"Ben Hakikatim, Hakikat olan gerçeğim, Tanrının Bilgisinin, Tanrının Varlığının, Tanrının Nurunun, bedende görüntüsüyüm. İnsan hiçbir zaman Tanrı olamaz, fakat Tanrı insan olarak görünebilir. Nice zamanlarda bunu yaptı ve şimdi de benim bedenimde bunu gerçekleştirdi. Kendini bende ifade etti. Ben olarak tecrübe etti ve ben olarak kendini açığa vurdu."**

ENE'L HAKK

Hallac-ı Mansur Felsefesi Temel Kavramlar 2

Temel Kavramlar 2. bölümde, Hallac-ı Mansur'un felsefesinde önemli yer tutan kavramlara yer verildi. Bu kavramların her biri, ayrı ayrı başlık altında toplanıp aktarıldı. Bu kavramlar, Tasavvufun temelinde önemli yer tutarlar.

Derin bir hissediş ile aktarmaya ve anlaşılır olmasına özen gösterdim.

Kavrayış

Tanrı Tanrı'dır. Âdem Âdem'dir. İnsan İnsan'dır.

Yaratılmışlar Tanrıyı ancak **kavrayış** ile anlamaya çalışırlar. Kavrayış ise, Tanrının ne bilgisine, ne de yüceliğine erişmek için bir yol değil, ancak **yöntem**dir. Anlama ve kavrayış, "düşünce" ile olmaktadır. İnsan düşünen bir varlıktır. Ruhu ile bedeni arasındaki ilişkiyi kurabilmesi ve yeteneklerini geliştirebilmesi için "düşünceye" ihtiyacı vardır.

Gerçek düşünce, ruhun sesidir. Ancak arada perdeler var oldukça, düşüncenin de kısıtlaması ortaya çıkar. Gerçek düşünceyle, arınmadan ve özgürleşmeden Tanrı kavrayışına erişmek mümkün olamaz. Ve yaratılmış hiçbir varlık, düşünce ve kavrayışla Tanrının varoluşuna ve gerçekliğine erişemez. Katmanlar ve perdeler Tanrı ile varlık arasında erişilmez engellerdir. Engeller ise bizim kavrayışımız, idrakimiz ve düşüncemizde **engelleme** olarak değil, bir **ihtiyaç** olarak algılanmalıdır.

Gerçekliğin düşünce denizi sonsuz bir ummandır ve O'nun enerjisi ve yüceliği ile dopdoludur. Varlık her adımda, kademe kademe perdeleri yırtar ve kendini tanır. Kendini tanıması ise, mistik bir yolculuktur. Bu mistik yani ilahi yolculuğunda, ruhuyla ve madde ile olan bağlantısı, **düşünce** olarak meydana gelir.

Düşünce evreninde varlık, baktığı ve gördüğü oranında tanır ve gelişir. Gördüğü kendi dünyasıdır. Her yaratılmış, baktığı perspektif doğrultusunda, "kesiti" görmektedir. Dışa baktığında dışı, içe baktığında ise içi görür. Bütünü göremez. Bütünü görebilmek, ancak kavrayış ile olabilir.

Kavrayış tamamen kendinden açılma ile gerçekleşebilir. Düşünce boyutunda kavrayış, ilahi bir yolculuktur.

Düşünce ve düşünceler tamamen kişiye özgüdür. Kişi doğduğundan ölümüne kadar olan düşünce evreninde ya geçmişle ya da gelecek ile yoğrulur. Düşüncelerine bile hâkim olamayan varlığın, Tanrının gerçekliğine ulaşabilmesi mümkün gözükmemektedir.

Varlıkların kavrayışı genelde, büyük okyanusta, minicik bir damla gibidir. Tanrının gerçekliğine erişmek, kişinin kendini tanımasıyla mümkündür. Ancak, gerçekliğe her eriştiğini zannettiğinde, bu zanla ancak sonsuzlukta bir arpa boyu ilerlemiş olduğunu fark eder. Bitmez tükenmez bir çabayla ve zorlukla ilerleme devam edecektir.

Çünkü bedenin terbiye olması ancak, Durak'larda bahsedilen kavramlarla mümkün olacaktır. Her durak bir kavrayış ve açılım meydana getirecektir. Her kavrayış, onu gerçekliğin kavrayışına götüren bir patika yoldan ibaret olacaktır. Yola girmek mümkündür. Ancak bu durum, varlığın liyakatine ve ruhuna naklettikleriyle mümkündür.

Gerçekliğe erişmek zor, hatta imkânsızdır. Düşünceye sahip olan yaratılmış varlık için gerçekliğe erişmek ancak manalarla ve yorumlarla olacaktır. Her yorum, bir abartıdan ibaret olacağından dolayı, **Gerçekliğe erişmek** imkânsızlaşacaktır. Çünkü görmek, dil ile yoruma sebep verir. Dil ile yorum da, abartıdan ibaret olacaktır. Ve kavram karmaşası ile şaşkınlık ve karmaşaya düşecektir. Düştüğü bu durum, Tanrıya ulaşma çırpınışının daha da artmasına neden olacaktır.

Her ulaşılan kademe, adım, yol, Tanrıya ulaşma çabalarıdır. Fakat hiçbir zaman **Gerçekliğe ulaşmak** mümkün olmayacaktır. Yoğunlaşan enerjinin zorlukları daha da artacak ve bitap düşecektir.

Bulduğu gerçekliğin büyüsü ile sarhoş olacak, kendini gerçekliğin ateşine atacak, yanıp kavrulacak, şekilsiz ve formsuz hale bürünecektir. Ve düşüncenin iç görüsü ile şekilden kurtulan varlık, **kendi gerçekliğine** ulaşacaktır. Kendi gerçekliği ile, ulaşmak istediği Tanrısal gerçeklik aynı olmayacaktır.

Ulaştığı kendi gerçekliği ile beden içerisindeki gerçekliği de aynı olmayacaktır. Bu üçlü gerçeklik arasında bocalayacak ve anlam veremeyecektir. Ve yol devam edecektir. Her kavrayışta ulaştığı **gerçeklik** düşünce yapısını genişletecektir.

Merhaleler derinleşecek ve nihai sona ulaşmayı düşünen varlığın önünde sonsuz yollar açılacaktır.

Ben Hakikatim demek ile Hakikat olunmaz.

Ben Tanrıyım demek ile Tanrı olunmaz. Ancak Tanrısal olunabilir.

Tanrı olmak başkadır, Tanrısal olmak başkadır.

Beden ruha, kavrayış denizinde yol alması için sunulan seçeneklerden sadece biridir. Ancak, kavrayışı tamamlaması için sunulur. Ruh, bedene sıkı sıkı tutunur ancak onu bırakmaz. Bırakmadığı için, maddenin yanıltıcı ve aldatıcı sarhoşluğu ile insanın gözleri görmez, kulakları duymaz olur. Maddenin gelip geçici olan öğretici etkisi ve kavrayışa yardımcılığı unutulur. Unutma bilgisi, beden içindeyken gerçekleşir. Ruh daima diri ve hatırlayandır.

Bedenliler nasıl hatırlayan olabilir? Hatırlayabilmek için neler mümkündür?

Bilimin ve inanç sistemlerinin kaynağı insanın soru sormasıdır. Arayışta olmasıdır. Merak etmesidir. Bunları giderebilmesi için zihninde düşünce boyutunda, belki de daha hiç konuşamıyorken bile, nasıl iletişim kuracağı konusunda düşünce üretmesidir. Düşünen insan konuşan insan halini alacaktır.

İnsanın dünya sahnesinde belirmesi, düşünce kavramı ile beraber olmuştur. İlk sorular muhtemelen, nasıl korunacağı, nasıl barınacağı ve nasıl karnını doyuracağı olmalıydı. Nasıl sorusunu sorması gerekiyordu. Ve daha sonra da bu nasılları hayata geçirmeliydi. Nasıl yapmalıydı? Nasıl üşümesine engel olmalıydı? Nasıl karnını doyurmalıydı? Nasıl barınak bulmalıydı? Bu arayışlarına cevapları yine kendi yöntemleriyle, deneme- yanılma yöntemleriyle geliştirmeliydi.

Ruh, madde denizine daldığında, tanımaya başlar. Madde denizi içindeyken Hatırlamalıdır. Özünde var olan tüm gerçekliği, madde ortamının sarhoş eden, tarab eden, nahoş eden etkisinden üstün gelmeli ve hatırlamalıdır. Çünkü üstünlük özelliği vardır. Zaten titreşimin en yüksek boyutundan en alt kademeye inen varlık, maddenin etkisinden kurtulmayı amaç edinir ve düşünce ve kavrayış yöntemleri ile yeteneklerini geliştirir ve keşifler yapar. Tasavvufta bu keşiflere "Açan" adı verilir. "Açan"lar keşfedildikçe, insan kavrayışı da genişler.

Açan: Bakmadan görmek, duymadan işitmek, dokunmadan hissetmek. Öz ve Tanrısal olduğunun şuuruna varmak, Görünmeyen ile görünenin Tevhid olduğu, bütünsel bir idrake ulaşmaktır.

Bu ancak insan kavrayışının ne kadar bütünselliğe yakın olduğu ile ilgilidir. Bütünsellik olan Tevhid kavramı, düşünceye ne kadar yakınsa o kadar mümkündür. Açanlar yardımı ile düşünsel kavramlar genişler ve ruhun gerçekliğine erişilir. Yaratılmışlar ancak, ruhun gerçekliğine erişirler.

Bedenin Gerçekliğine, Ruhun Gerçekliğine ulaşmak mümkündür.

Gerçekliğin gerçekliğine yani Tanrının gerçekliğine erişmek mümkün olamaz.

Çünkü Tanrı, gerçeklikle ilgili değildir. Gerçeklikle bağlantılı değildir. Gerçeklik ancak yaratılmışlara özgüdür. Yaratılmışlar gerçeği arayarak Tanrıya ulaşacaklarını düşünürler. Bu sadece düşünceden ibarettir. Ancak Tanrının gerçeklikle ilgisi yoktur. Tanrı gerçeklik değildir.

Tanrı, Mutlaktır, sonsuzdur, yücedir ve hiçbir şey onunla denk değildir. Hiçbir şey ile denk olmayan Tanrı, Gerçeklikle de denk olamaz.

Bu yüzden düşünce ve kavrayış ile Tanrının Gerçekliğine ulaşmak da mümkün değildir. Ulaşılan ve ulaşıldığı düşünülen her hal, ilahi düşüncenin ürünü, ruhun kendi gerçekliğine ulaşma durumudur.

Kişi Ene'l Hakk dediğinde, Tanrının Gerçekliğine ulaştığını ifade etmez. Ancak Ene'l Hakk diyen varlık, ruhunun gerçekliğine ulaşmıştır. Bedeninin ve Ruhunun Gerçekliğine ulaşmış anlamına gelir.

Her insanın Ene'si yani Ben'i, kendine özgüdür. Her insan Ene'l Hakk kavramına ulaştığında, kendi bedeninin ve ruhunun gerçekliğine ulaşır. Bir başkasının gerçekliğine değil. Gerçeklik tamamen kişiye özgüdür. Ve milyarlarca insanın Gerçeklikleri de Tanrının Gerçekliğine denk olamaz.

Kişi, Ene'l Hakk kavramına ulaştığında ne olur?

Kişi Bedeninin ve Ruhunun Gerçekliğine ulaştığında ne olur?

Ulaşılan nihai gerçeklik, Âdem Kavramıdır. Yani kâinatın yaratıcı ruhu.

Âdem kavramı, yaratıcı ruhtur ve kâinata can veren Kâmil İnsan boyutudur.

Kısaca her insan kendi bedenini tanıdıkça, kendi bedeninin gerçekliğine ulaşır. Kendi bedeninin gerçekliğine ulaşan ve yola devam eden her insan, kendi ruhunun gerçekliğine ulaşır. Ve sonunda Ene'l Hakk kavramını dile getirir. Bu o insanın Tek ve Benzersiz olan Âdem Ruhuna ulaştığının bir ifadesidir. Her ne kadar Âdem Ruhuna ulaşmışsa da, kişi ancak Âdem Ruhunda kendine ait olan ruhun gerçekliğine ulaşmıştır. Âdem Ruhu sonsuz bir kavramlar denizidir. Kişi, ancak o denizde bir damlaya ulaşmıştır. Dolayısıyla, her kişi, kendi gerçekliğine ulaşmıştır. Kişi Ene'l Hakk dediğinde, sonsuz kavramlar denizinde bir damla olduğunu ifade eder. Her kişinin Ene'l Hakk kavramı da birbirine benzemeyecektir. Her kişinin ulaştığı gerçeklik de birbiri ile benzeşmez. Ortaya sonsuz kavramlar çıkar. Ve tüm bu sonsuz kavramlar toplaşsa da Tanrının Gerçekliğine denk değildir.

ༀ

Ene'l Hakk demek: Ben yaratıcı gerçeğim, ben Âdemin ruhunun sesiyim demektir. Âdemin ruhu yani kâinatın ruhu, kâinatın sesi.

Ene'l Hakk ifadesi, "Sonsuz ve benzersiz kavramlar denizinde" bir **damlayım** demektir. Ene'l Hakk diyebilmek, Evren ruhunun dile gelmesi demektir. Yaratıcı gerçeğin sese gelmesidir. Yaratıcı sesin, bir bedenliden seslenmesidir.

Tüm bu kavramları anlayamayan kişiler, kavramlar denizinde boğulmuşluğu temsil eder. Kavramlar denizi insanı yutar. Eğer o denizde yüzmeyi bilemiyorsa, boğulur gider.

Kavramlar denizi, ancak kavrayışla dingindir, durudur ve gerçeği yansıtır. Kavramlar denizinde boğulmayan kişi, kavrayışı geniş kişidir. Dar kavrayışlı kişiler, o denizde kaybolmuşlardır.

Biçim-Biçimsizlik Kavramı

Tek **Doğru** ve tek **hakikat** vardır. Ve **Doğru** biçimleri sevmez. Çünkü kâinatta her şey Özde biçimsiz ve şekilsizdir. Biçimi ve şekli yoktur. Enerjidir ve ilahidir. İlahi nurun yansımasıdır.

Oysa **biçim** sadece bilinçlerde olan bir şekillenmedir. Şekil sadece kodlardan meydana gelir. Doğulacak dünyaların kanunlarına göre biçimin kodları vardır. Bizim görebildiğimiz kâinatın biçimleri, Levh-i Mahfuz denilen levhada kayıtlıdır.

Ve her ruh, doğmadan önce, o levha bilgisinin kodlarından beslenir ve dünyaya ya da herhangi bir gezegene doğar. Hangi gezegene doğacak ise, o gezegene ait olan kanunları, o levhadan çeker ve alır. Çekip aldığı bilgiye göre şekillenir ve biçimlenir. Melekler olarak bahsedilen kavram, o gezegenin, o dünyanın Rabbinin kanunlarıdır. İlahi kanunlardır. O gezegenin yöneticisi Rabb, bir sisteme bağlıdır. İlahi Rabb sistemi ya da Rabbler sistemi, gezegeni ya da gezegenleri yönetir ve yönlendirir. Gezegenler üzerinde tüm varlıkları görüp gözeticidirler.

Gelişim ve Tekâmül için en gerekli olan hiyerarşi, ilahi irade kanunlarının bir temsilidir.

Görünmeyen Âlemin biçimi yoktur, görünenin biçimi vardır. Görünen varsa, hangi dünyaya aitse ona göre Levh-i Mahfuz'dan kodlanmalar alınır. Şu anki gördüğümüz görebildiğimiz her şey biçimlidir, şekillidir. Üç boyut, iki boyut, tek boyutludur ve boyutları olduğu sürece bir onu algılayabiliriz, bunun dışında kendi boyutumuzun titreşimini aşan şeyleri, renkleri, sesleri, akımları asla göremez duyamaz ve dokunamayız.

Tanrının sırrı, sıfatsız ve biçimsiz oluşundadır. Fakat tüm biçimler ve sıfatlar Tanrısaldır. Tanrı, ne biçimlerin ne de sıfatların içindedir. Ne de dışındadır. Bu yüzden biçimliler ve sıfatlılar, biçimsiz ve sıfatsız olanı algılayamaz.

Kalp, sadece bir et parçasıdır. Tanrının sevgisi kalpte yer alamaz, beyinde de yer alamaz. Ancak gönül içinde, kavramsal olarak yer alabilir. Kalp, biçim ve sıfatlıdır. Gönül biçimsiz ve sıfatsızdır. Bu yüzden insan, ancak Tanrıyı gönülle kavrayabilir.

Tanrı, tüm inançların, tüm biçimlerin, tüm sıfatların ötesinde bir kavramdır. İnsan ancak gönül ile Tanrı kavramını, hissederek ve düşünsel bir kavrayışla algılayabilir.

Gönül kavramı, insana verilen en büyük ödüllerden biridir. Bir nimettir. Biçimler Levhasına doğduğun andan itibaren, biçimler dünyasında yaşayan insanın Tanrıyı kavrayışı ancak gönül ile mümkündür.

Gönül Hakkın karargahıdır. Gönül Tanrının konağıdır.

Tanrı, varlıkları ile iletişime geçtiği vakit onların gönüllerine hitap eder.

Tanrının sevgisini taşıyabilen tek erdemli mekân, Gönüldür.

Sevgi kavramı, yüce bir erdemdir. Ve Sevginin bir damlası dünyaya düşse idi, dünyayı yerle bir edebilirdi. Sevgi kavramını taşıyabilen tek yer Gönüldür.

Tanrının sevgisi, dağlara verilse dağlar yok olur, ağaçlara verilse ağaçlar yanıp kül olur, denizlere verilse denizler eriyip buharlaşır ve yok olur, dünyaya verilse dünya yerle bir olur. Bu sayede Tanrının sevgisi hiçbir yere verilemez ve hiçbir biçim, sıfat, kayıtlı levha O'nun sevgisini taşıyamaz. Ve ancak insan gönlüne gizlenir. Tasavvufta sıkça yer alan dürre kavramı yani inci kavramı, Tanrınn Sevgisini ifade eder.

İnsanın gönlündeki inci, Tanrının Sevgisidir. Ancak, İnsan gönlü taşıyabilir bu erdemi.

Tanrının Sevgisi görülemez. Ancak kavrayış ile hissedilir.

Tanrı Sevgisi biçimsiz ve sıfatsızdır. Biçimliler bu sevgiyi duyuları ile algılayamazlar. Ancak kavrayış ile hissedebilirler.

Tanrı Sevgisi kavramını, hoşlanma, dünyasal sevgi, dünyasal aşk, ilgi duyma, arzulama ile denk tutmamalıyız.

Tanrı Sevgisini gönüllerinde hisseden Veliler ve Peygamberlerin, sarf ettikleri sözler, dünyaca ünlenmişlerdir. Bu sözler kimi Velilerin ve peygamberlerin başlarına umulmadık işler de açmıştır. Kimi bu sözleri söylediği için öldürülmüş, kimi de baş tacı edilmiştir.

Tanrı Sevgisini derinden hisseden Hallac-ı Mansur, **Ene'l Hakk** der, Beyazid-i Bestami **Sübhanım** der, Mevlana **ben Tanrıyım, Tanrı da benim** der, Yunus Emre **"bir ben var bir**

de benden içeru" der, Cüneyid-i Bağdadi **"bilen de Tanrıdır, bilinen de Tanrıdır"** der, Nesimi **"Ben Hakkım"** der. Hz. İsa **"Baba"** der, Hz. Ali **"Görmediğim Tanrıya Tapmam"** der, Hz. Muhammed **"Allah'ın Kulu ve Elçisiyim"** der, Muhyiddin İbn-i Arabi **"Âşktır benim imanım"** der.

Biçimlerden Kopma

Hallac-ı Mansur, TavaSin kitabında, formlardan ayrılma, biçimlerden kopma, biçimsizlik kavramını, anlaşılmaz ve sembolik aktarır. İç içe geçmiş üç daireden bahseder.

En dış daire, manalar ve biçimler dairesidir. Kur'an-ı Kerim'de bu kavram "Zahir" olarak belirtilir. Dış anlamdır. Şu an görünen kâinatın temsilidir bu. Elle tutulan gözle görülen, beş duyu ile algılanan tüm biçimsel ve algısal şeylerin, cisimlerin temsilidir. Canlı cansız tüm maddeler ve varlıklardır. Tasavvufta, Mistiklerin "yalan dünya" olarak nitelendirdiği durumdur. Çünkü zihnimizin, bilincimizin ancak izin verdiği kadarı ile bize kodlanan bilgiler kadarı ile yetinerek gözümüzle gördüğümüz, diğer duyularımızla algıladığımız kâinattır. Kısaca **Dış Daire Maddesel Kâinattır.**

Hislerin, ilhamların, hissediş ve kavrayışın düşünce dünyası da ikinci dairedir. Hallac-ı Mansur ikinci daireyi İç anlam olarak ifade eder. Bedenli halimizle ulaşamadığımız, ancak hissederek ilham alarak ulaşabildiğimiz iç anlam dairesidir. Kur'an-ı Kerim'de bu kavram "Batın" olarak belirtilir. Kestiremediğimiz, tahminde bulunduğumuz, ama asla emin olamadığımız görünmeyen dünyadır. **Kısaca İkinci Daire İç Anlamdır.**

Üçüncü daire ise, kâinatın kodlanmış bilgisidir. Kur'an-ı Kerim'de bu kavram "Levh-i Mahfuz" olarak belirtilir. Her gezegenin kendine ait Rabb Plânı vardır. Zamanı gelince üçüncü dairedeki kodlanmış bilgiler, her gezegenin tabi olduğu Rabb Sistemine aktarılır. Oradan da Peygamberler, Sadıklar ve Seçilmişler tarafından dünya insanlarına verilir. İnsanlar, kendi ihtiyaçlarına uygun olan bilgiler ve bilinç ile beslenir. Kısaca **Üçüncü Daire Kodlardır.**

İç içe geçmiş üç daireye, yukarıdan üç boyutlu baktığımızda piramit şeklini aldığını görebiliriz. Nokta bilgidir, Levh-i Mahfuz'daki bilgidir ve her sisteme göre açılımı vardır. Levh-i Mahfuz'daki bilgiler her sisteme göre değişir, o sistemin ihtiyacına göre kodlamalar çeşit çeşittir. Nokta'dan yansıyan bilgiler, Tanrısal Nur ile aydınlanır ve hologram dünyasını oluşturur.

Her yansıma bir gezegenin bilinç evrenini oluşturur. Bu Bilinç Evreni, gezegene tabi olan canlıları terbiye eden Rabb sistemidir. Rabb Sistemi, varlıkları terbiye eden, ihtiyaçlarına göre olaylar tanzim eden, geliştiren ve Tekâmül ettiren bir yapıdır.

Bu konik yapının işleyiş mekanizması şöyledir:

En muhteşem düzen ile kendini daim ettiren, tüm soruların yanıtlanmış, tekrarlanmış ve en mükemmel hale getirilmiş, en mükemmel hale getirilmeye devam eden, gelişen, aşama aşama halden hale geçirilip genişletilmiş, hayretlere düşüren bir enerjisi olan, tamamlanan, dönülen, her dönüşte sıçramaya yaratan tüm olanların bütünüdür.

Tanrı'danlık Kavramı

Tanrıdan olmak demek, Tanrı olmak demek değildir. Tanrı'danlık, O'nun İlahi Nurunun sınırına en yakın olma durumudur. Yaşarken bunu elde edebilmek, ölmeden ölmek kavramıdır. Tasavvufun en temel kavramlarından biridir: Ölmeden Ölme kavramı.

Tüm varlıklar ve kâinat Tanrı'dandır. İstisnasız bu kavram değişmez. Ve Tanrı, tüm yaratılmışlara istisnasız yakındır.

Allah **can damarından akrabadır** kavramı, Tanrı'danlık kavrayışıdır.

Ancak, mühim olan, varlıkların Tanrı'ya ne kadar yakın olduklarıdır.

Tanrı'danlık kavramı, belirtide belirti olmaksızın Tanrıda olmaktır. Kısaca, hem Tanrıdasın hem Tanrı sende. Bu durum, bedenliyken kavrayışı en zor durumdur. Çünkü: Tüm belirtilerin ve biçimlerin dışında bir kavrayış gerektirir. Fiziken mümkün olmayan bir durumdur. Fakat kavrayış ile mümkündür.

Basit bir örnek:

Bir evin salonunda oturuyorken, o evin senin içinde olduğunu kavramak. Hem evin içindesin, hem ev senin içinde. Bu fiziken mümkün değildir. Fakat kavrayış ile mümkündür.

Tanrı'danlık, iki yay mesafesine ulaşan, sınıra en yakın olan, Tanrının ilhamlarını duyabilecek kadar tüm duyuları etkin olma durumudur.

Bu duruma Tasavvufta "Tevhid" adı verilir. Tevhid kavramı: Birlik ve Bütünlüktür. Tanrı'danlık kavramını idrak etmek demektir.

Hallac-ı Mansur Felsefesinde, Tanrı'danlık kavramı şöyle açıklanır: Tanrı, tüm biçimlerden arınmıştır. Tanrı Tanrıdır. Ve Tanrı sadece kendisidir. Tanrı anlatılamaz, ulaşılamaz, elde edilemez. Varlıklar Tanrıdan ne ayrıdır, ne de ona yapışıktır. Her biri kendi yörüngesinde, kendi enerji alanında, özgür iradeye sahiptirler.

Tanrı ve varlık, ne ayrıdır, ne de aynıdır. Tanrı'danlık kavramı, herkesin anlayabileceği bir kavrayış değildir.

Bunu en iyi ifade edebilen durum: Fizikte hiçbir şey aynı anda aynı yerde var olamaz. Yan yana üst üste, alt alta ya da sağında solunda durabilir. Fakat iç içe bir bütün olarak duramaz. Bilimsel olarak ispatlanması şu şekildedir. Atomsal boyutta tüm varlıklar arasında boşluk vardır. Bu boşluklar ile birbirine çok güçlü bağlarla bağlıdır. Kopmaz, ayrılmaz ama asla da iç içe geçmez. Kesinlikle birbirine temas etmez. Her biri kendi yörüngesine ve özgür iradesine sahiptirler.

İşte bu yüzden Tanrı'danlık kavramı, Tanrı olmak anlamına gelmez. Varlıklar Tanrı olamazlar.

Varlıklar Tanrı'nın Nurundan yansırlar. Tanrı'dan yansımak, Tanrı'nın kendisi olmak anlamına gelmez.

Varlıklar, Tanrısal Öz'dendirler. Fakat Tanrının Özü değillerdir.

En basit örnek ile:

Bir tabak çorba içinde, bir tabak çorba olunmaz. Eğer öyle bir durum olsaydı, iki tabak ve iki çorba olurdu. İkilik kavramı ise İlahi Sistemde mümkün değildir. Tanrı vardır ve başka bir şey yoktur. Her şey Tanrı'dandır, fakat Tanrı değildir.

Tevhid Kavramı

"Şükr edin ama Tanrıyı sık sık anmayın. Tevhid olmayı dilemeyin, her şeyine şükr edin." **Hallac-ı Mansur**

Tasavvufta ve Dini kavramlarda en çok geçen erdemli bir kelimedir: **Tevhid**

Birliğin ve Bütünlüğün, hayatta iken hissedilmesi!

Hallac-ı Mansur Tevhid kavramına "şey" adını verir. Çünkü Tevhid kavramını tanımlayamaz. Ancak Tevhid'i kavrayış ile anlayabiliriz. Tevhid kavramı hakkında edineceğimiz her anlayış, kısıtlı ve eksik olacaktır.

Hallac-ı Mansur felsefesinde, Levh-i Mahfuz dışına çıkan, orada artık harflerin tükendiğini anlar. Harfler tükenmiş ise, insani hiçbir kavram kalmamıştır. Bu tam bir MİM durumudur bu. Ve MİM olan varlık secdededir. Hallac-ı Mansur bu secde kavramına Tevhid ismini verir. Çünkü orada sıfatlar kavramı yoktur. Ben, Sen, O gibi kavramlar yok olur. Ego yoktur. Düşünce bile yoktur. Orada sadece Hakikat vardır. Değişmeyen Tek Doğru Hakikat! İşte henüz bedende iken, Levh-i Mahfuz dışına çıkılarak ulaşılan bu Öz Farkındalık, Tevhid'dir. Levh-i Mahfuz dışına çıkamayan bunu kavrayamaz. Kavrayamadığı bu durumu da tanımlayamaz. Hallac-ı Mansur bu kavrayış ötesi duruma, "şey" ismini verir.

Tanrı, tüm kâinatı, Görünen ve Görünmeyen Öz Erdemi ile kuşatmıştır. Görünen Öz Erdemi, Hakk kavramıdır. Görünmeyen Öz Erdemi de Mutlak kavramıdır.

Hakk ile Mutlak arasında bir ayrım ve bir ayrılık yoktur. Hakk ile Tanrı arasında da bir ayrım ve ayrılık yoktur. Tanrı Öz Erdemi ile tüm boyutlarda farklı ve çeşitli titreşimlerle var olur. Her boyuttaki varlıklar, insanlar, titreşimlerin yoğunluğuna göre Tanrıya çeşitli isimler verebilir. Tanrı isimlerinin çokluğu, Tanrının Öz Erdem'inde bir sorun yaratmaz. İnsanlar, hissettikleri bu Yüceliğe diledikleri isimlerle seslenebilirler.

Tevhid kavramı, bedenlilerin anlayabileceği bir kavram değildir. Ancak ölmeden Tanrıya ulaşabilenlerin kavrayışı ile mümkündür. Tanrısal Sistemde, bir ayrılık, bir kopuş ve bir birleşme söz konusu değildir.

Kısaca: Bedenli kişi ölünce Allah'a yapışmaz. Doğarak da Allah'tan kopmaz. Ölüm ve doğum yoktur. Sadece gezegensel şartlara uygun biçim alma, bedende görünme, boyutlara göre ve titreşimin yoğunluğuna göre şekil alma durumu vardır.

Varlıklar isteseler de istemeseler de, Tevhid kavramı içindedirler. Fakat bunu derinden hissetmedikleri sürece, ayrı bir varlık olarak yaşayacaklardır: Tevhid kavramının kavrayışına ulaşana dek.

Gizem Kavramı

Gizem, Allah'ın özelliğidir. O, varlık özlerini kendi suretinde yarattı, onlara kendi ruhundan nakletti.

Allah, varlıklarından sonsuz kopuşlarla ayrıldı. Kendi Âşk ve gizem iksirinden içirdi. İşte bu **Âşk ve gizem iksiri**, kendi ruhundan nakildir. Âşk ve Gizem İksirini içen varlıklar, çoğaldılar, farklılaştılar: Aşama aşama, halden hale, kademeden kademeye geçerek.

Tüm görkemi ile bulunamayan tek nokta, sayısal olarak sayılamayan, hakkında tüm sıfatlardan ve sözlerden uzak, gizemli: Gizem Tanrının özelliğidir. O kendine ait ipuçları bırakır. Ancak bu ipuçları, kesin olmayan, deliller taşımayan, tanıklık etmeyen, yargısız, bilinmez, algılanamaz, biçimsiz ve formsuzdur. Varlıklar, gizemin belirsizliğinden dolayı inkâr içindedirler. Ancak kabulleniş, inkârın içindedir, inkâr ise kabullenişin içinde gizlenmiştir. Hiçbir şey göründüğü gibi değildir. Gizemin ana gayesi, amacı budur. Gerçek kabullenişin, imanın kimde ve ne boyutta olduğu bilinmezlik taşır.

Bilmek ile bilmemek, bilinme ile bilinmezlik bir çemberin içi ve dışı gibidir. Birbirinden kopamayan, ancak sırt sırta, içli ve dışlı olan, ayrılamayan, fakat farklı kavramlar gibi algılanan bir durumdur. Varlığın kendisi de tüm bunlardan habersizdir. Çünkü gizem Tanrının isimlerinden biridir.

Gizem, tüm kavramlardan ve kavrayışlardan yüz çevirmiştir. Tüm kavramların ötesinde bilinmezliktir. Tüm bilgilerin, kavrayışların ötesinde, idraklerin en üstünde, niyetlerin, alışkanlıkların, yöntemlerin, gayelerin, amaçların, algıların ötesindedir.

Ancak Gizem, kavramlardan ve biçimlerden uzaklaşmamıştır. Her kavrama ve kavrayışa, kendisinden daha yakındır. Bunu anlayabilmek, bedenli olanların kavrayabileceği bir durum değildir. Ancak biraz hissedişle kavranabilir.

Varlıklar, Tanrı bilgisinden yoksun mudur?

Varlıklar, Gizem kavramını yoksunluğuyla tanıyamaz, çünkü **yoksun olan** ne kendi varlığını ne de Tanrının varlığını bilemez.

Varlıklar "Ben" diyerek Gizemi tanıyabilirler mi?

Varlık, Gizemi kendi varlığı ile bilemez, çünkü "ben" derse "sen" ortaya çıkar ve bu ikiliktir. Oysa Tanrının görkemli evreninde iki varlık, iki ilah olamaz. Tanrı tektir ve O'nun dışında hiçbir şey yoktur, O'ndan öte bir şey yoktur. Bu yüzden **ben** diyen varlık, Tanrıyı bilemez. Varlık **Ben** dediği anda, **Tanrı vardır** diyemez. Bu ikiliktir. Çünkü Varlık ve Tanrı aynı anda, aynı zamanda, aynı mekânda bir arada bulunamaz. Bu Fizik Biliminde de böyledir. İki varlık, aynı zamanda, aynı mekânda yer kaplayamaz.

Tanrı var ise, varlık yok mudur? Ben Yok-Tanrı Var diyen bir anlayış olabilir mi?

Varlık, Tanrıyı, kendi yokluğu ile tanıyamaz. Yokluk bir perdedir, engeldir. Tanrı, tüm perdelerin ve engellerin ötesindedir.

Varlıklar, Tanrıyı Vahiy ile tanıyabilir mi?

Varlık, vahiylerle aktarılan Tanrısal bilgileri bilir, ancak bu bilgilerle Allah'ı tanıyamaz. Allah'ın sonsuz isim ve sıfatları ile Allah kavramını bilir ve tanıyamaz. Çünkü adlar ve sıfatlar sadece kavramdır. Kavramlar, ancak kavrayış ile hissedilebilir. İsim ve Sıfatlar, kavrayışa hizmet ederler. Varlıklara fikir vermesi içindir. Bu yüzden isimlerle Allah kavramı tanınamaz. O tüm tanımlamaların ötesindedir, tüm kavramların, biçimlerin ötesindedir. Zihinlerde oluşan kavramlar Tanrıyı tanımlayamaz. Levh-i Mahfuz Kodlarından beslenen varlıklar, Tanrıyı kavrayamaz. Tanımlayamaz. Ancak, kavrayış ile hissedebilir.

Varlık, Tanrıyı kendisi aracılığı ile bilemez. Kendisine baktığı anda, ikilik yaratmış olur.

Varlık, Tanrıyı yaratılan varlıklarla bilemez. Çünkü gördükleri yanılgıdır. Gerçeği göremediği için, gördükleriyle yetinen, Tanrıyı tanıyamaz. Çünkü Tanrı görünenlerin ötesinde, yarattıklarının ötesinde, var ettiklerin tümünün ötesindedir.

Gizem, görünen her şeyin ötesindedir. Ancak varlıkların beslendiği kaynaktır.

Varlıklar, Gizemi sahiplenmek isterler. Fakat bunu başaramazlar. Başarısız olan varlıklar, kanıt ister. Kanıt peşinde koşar. Gizemi ortaya çıkarmaya çalışır. İşte bu gerçek yorgunluktur. Yorulur, kaçar, bıkar, vaz geçer. Gizemin arayışı içerisinde yok olur gider. Kavramlar ve anlayışlar denizinde boğulur. Sonra o deniz kurur ve geriye hiçlik kalır.

Kavramlar ispatlanamaz. Ancak kavrayış ile hissedilir. Gizem de bir kavramdır ve ispatlanamaz. Neyle ispat ederseniz edin, Gizem'in Ölçüsü yoktur. Ölçülebilir tüm değerlerin ötesinde bir kavramdır.

Gizem, biçimleri sevmez. Şekilleri sevmez. Fakat Biçimlerin ve Şekillerin beslendiği ana Kaynak'tır.

Hayaller, kavrayışlar, şekiller, biçimler Gizemi tanımlamak için uğraşır. Bu çabayı, görebildiği evrenden örnek alarak yapar. Fakat Gizem, görülen evrenden öte bir kavramdır. Bu yüzden varlıklar, biçim ve şekillerle Gizemi tanımlayamazlar.

Gizem tüm varlıkların peşinden koştuğu bir türlü ulaşamadığı kavramdır. Fakat Gizem, her varlığa, kendinden daha yakındır.

Rabb Kavramı

Tanrı öz dostlarıyla ya da peygamberleri vasıtası ile konuşur. Ancak konuşan Mutlak değildir, Rabb'dir. Ve Rabb ancak Levh-i Mahfuz'da o sistem ve o gezegenin kodlu bilgisini, gezegen üzerinde yaşayan insanlığın ihtiyacı oranında aktarır. Her sistemin, her gezegenin, her oluşumun, her insanın Rabbi vardır. Ve tüm Rabb kavramları, Tüm sistemlerin Rabbi olan Allah'a bağlıdır.

Rabb kavramı: Terbiye eden, yöneten ve geliştiren anlamını taşır. Rabb, İlahi organizasyona ve İlahi yönetici mekanizmaya verilen isimdir.

Kur'an-ı Kerim, Fatiha Suresi "Âlemlerin Rabbi" ile başlar ve Nas Suresi "İnsanların Rabbine" ile biter. Ve ilk vahiy "Seni Yaratan Rabbinin adı ile Oku" seslenişidir.

Kur'an-ı Kerim ayetlerinde "İki doğunun Rabbi", "İki batının Rabbi", "Sabahın Rabbi", "Benim Rabbim", "Sizin de Rabbiniz", "Âlemlerin Rabbi Allah" gibi kavramlar yer alır. Lineer bir bakış açısıyla ortaya Rabb'ler kavramı çıkar. Bu eksik bir yorum olur. Çünkü her varlığın, her oluşumun bağlı olduğu bir Rabbi var gibi görünse de, çoğul olduğu anlamına gelmez. Rabb bir sistemin, bir organizasyonun, işleyiş mekanizmasının genel ismidir.

Tasavvuf ve dini anlayışta öldükten sonra sorulacak ilk sorunun "Rabbin Kim?" olduğu yönündedir. Kısaca, dünya hayatında seni kim terbiye etti? Kim koruyup kolladı? Kim sahiplendi? Bir köle isen seni satın alan Efendin mi? Taptığın putlardan biri mi? Yoksa seni terbiye eden İblis mi? Senin sahibin Para, Mücevher ya da gayrimenkullerin mi? Kısaca, Rabbin Kim? Çok önemli bir sorudur. Ve sorunun cevabını, kişi ancak kendisi verebilir.

Kur'an-ı Kerim'de Rabb kavramı, 971 defa tekrarlanmıştır. İlginçtir ki İslâm'ın kabul ettiği Allah'ın 99 ismi ve sıfatları arasında Rabb kavramı yer almamıştır.

Rabb kavramı, Arapça bir kelime olup, "ıslah eden, büyüten, görüp gözeten, bakan, kollayan, sahip, efendi" anlamlarına gelir. İslâm öncesi Araplarda Rabb kavramı, putlara verilen bir isimdi. Ve Kral anlamını taşıyordu. Kölelerin efendilerine verdikleri isim Rabb idi.

Fakat İslâm sonrası Rabb kavramı, Allah'ı işaret eden bir kavram oldu. Rabb dedikleri putları devirdikten sonra, Rabb diye seslendikleri Allah kavramı ortaya çıktı. İslâm ile birlikte kölelik de sona ermişti. Kölelerin, sahiplere ve efendilere verdikleri Rabb kavramı yerini de Allah kavramı aldı. Kısaca Rabb kavramı değişmedi, içeriği ve özü derinleşti.

İslâm dininde, "Allah her şeyin Rabbi iken, ben Allah'tan başka Rabb mi ararım" temel prensibi, zihinlere yerleşmiş oldu. Kur'an dışında, Tevrat'ta da Rabb kelimesi, Tanrı kelimesinden daha fazla geçmektedir.

Dağlara biçim veren, rüzgârı yaratan, düşüncelerini insana bildiren, şafağı karanlığa çeviren, dünyanın yüksek yerlerine ayak basan işte o'dur, o'nun adı Rabb, her şeye egemen Rabb'tır. ***(Amos, 4:13)***

Davut peygamberin kitabı Zebur'da da Tanrı kelimesinden çok Rabb kelimesi geçmektedir.

Asaf'ın mezburu "zebur": *1. Güçlü olan Tanrı Rabb konuşuyor.*

Tanrı, sıfatlarıyla ve isimleriyle kâinata hükmeder. Tüm bu isim ve sıfat kavramların var oluşu Rabb kavramını içerir. Tanrı varlıklarla iletişim halindedir. Bu iletişim de Rabb Sistemi ile gerçekleşir. Rabb kavramı Tekliği simgeler. Yani her varlığın Rabbi olması, çoğul anlamına gelmez. Rabb'ler diye ifade bulmaz. Rabb sonsuz Tek'lerden oluşan bir hiyerarşidir.

Tanrı tekliğin ifadesidir. Sonsuz Tekler Hiyerarşiyi meydana getirir. Hiyerarşi İlahi bir prensiptir.

Rabb kavramını açıklayacak olursak: Rabb, Hiyerarşik bir düzendir. Sonsuz sayıda Tek'lerden oluşur. Sonsuz Tek'lerden oluşması onun çoğul olduğu anlamına gelmemelidir. Sonsuz Tek'ler de, Tek ve Bir olan Allah'a bağlıdır.

Dünyanın Rabbi, İnsanın Rabbi, Doğunun Rabbi, Batının Rabbi, Sabahın Rabbi, İnsanların Rabbi, Âlemlerin Rabbi kavramları, hiyerarşik düzeni anlamamıza yardımcı olur. Kur'an da, ayetlerde bu hiyerarşik düzene dikkat çekmiştir.

Rabbi Bilmek Kavramı

Tasavvufta "İnsan öldükten sonra, mezarında sorulacak ilk soru "Rabbin Kim?" olacaktır demiştik. Çok göreceli bir anlamdır bu. Gerçekten sorulacak mı bilmiyoruz. Ama Rabbin kim? Sorusu Tasavvufta çok önemli bir yer tutar.

Rabbin Kim? Sorusuna verilecek cevap için, gerçekte Rabbin kim olduğunu bilmek gerekir.

Tasavvufun en temel felsefe bilgisi "Kendini Bil, Rabbini Bil, Geliş" kavramıdır.

İnsan, Rabbin Kim? Sorusuna cevap verebilmesi için, önce Kendini Bilmesi en temel kuraldır.

Dünya yaşamı, insanın önce kendini bilmesi, Rabbin bilinmesi olarak tanımlanabilir.

İslâm dininde **kafir** kavramı sıkça yer alır. Kafir: Kendini Tanımaz anlamına gelir. Kendini tanımayan, dolayısıyla da Rabbini bilemez.

Kendini Tanımayanın genel özellikleri şöyledir: Maddeye gömülüp, ne olduğunu unutan kişidir. Kendi özünü tanıyamayan anlamına gelir. İnsan kavramı, yüce bir anlam taşır. Özgür, bağımsız, kendini tanıyan, olgunlaşan ve Rabbinden haberdar.

Kendinin ne olduğunu unutan ve hatırlamak için hiçbir çaba sarf etmeyen kişi, dolayısıyla vicdanı ile hesaplaşacaktır.

Bulunduğu kendini tanımaz durumdan, kendini bilen durumuna geçmesi için, hatırlamaya ihtiyaç duyar. İşte burada Rabb Plânı devreye girer. Rabb, kendini tanıtmak için çeşitli olaylara vesile olur. Rabb bir rehberdir. İhtiyaç duyulan yol gösterici. Kişinin öz farkındalığı artana kadar da, bu çabasından vazgeçmez. Çünkü Rabb Plânı'nın görevi, ıslah edici, terbiye edicidir.

Dünya yaşamının tek amacı, İnsana kendini Tanıtmaktır. Kendini Tanıyan, Kendini Bilir. Kendini bilen insan, Rabbini bilir. Bu insana ne kazandırır?

Özgür iradesi ile kendini geliştirir ve dünyayı güzelleştirir.

Dünya yaşamının beyhude bir savaştan ibaret olmadığını anlar. Hırslarını kontrol eder, diğer canlıların yaşamlarına saygı duyar.

İnsan ve insanlık, ne yaptığını bilmeyen bir tavır sergilemekte! Dolayısıyla da, dünya bir savaş alanına dönmekte.

Hz. İsa, **"Rabbim affet onları, ne yaptıklarını bilmiyorlar"** sözü bundan ibarettir.

"Ne yaptıklarını bilmeyen insanlar" sözü, Hallac-ı Mansur, Hz. İsa, Hz. Ali ve birçok Aydınlanmış Ariflerden duyulmuştur.

İnsanlık ne yaptığının farkında değildir. Sadece yapmaktadır. Fakat neden yaptığını, yaptığının sonuçlarını ve birbirini tetikleyen sonsuz zincirin farkında değildir. Farkında olmadığı için affedilir.

İnsanlığın durumu, küçük bir çocuğun hiçbir şeyden haberi olmadan zarar verme eğilimi gibidir. Yaptığını Bilmeme kavramından, sorumlu tutulmamalıdır. Fakat sorumlu olmadığı her durumda da, dünya cehenneme dönmektedir.

Doğruyu Yanlıştan ayırma kavramı, çeşitli zamanlarda Rabb Plânından bildirilmiştir. Tasavvufta ve İslâm dininde bu kavrama **"Furkan"** adı verilir. Kur'an-ı Kerim'in bir diğer ismi de Furkan'dır. Furkan kavramı, insan aklının ve düşüncesinin geldiği en yüce duraktır. Furkan: Doğru'yu Yanlıştan ayırt edebilme yeteneğidir. Doğruyu Yanlıştan ayırt edebilen insanlık, dünyayı cennete çevirebilir.

Fakat insanlık, vahiy yoluyla gelen bilgileri de görmezlikten gelmiş ve layıkıyla kavrayamamıştır. Kavrayamadığı için de uygulayamamıştır. Çeşitliliği ve farklılığı, ayrımcılık olarak görmüş ve savaşçı kimliği edinmiştir. Oysa ki çeşitlilik ve farklılık, İlahi bir kavramdır. Bu ilahi kavramı, kavrayış ile idrak edemeyen insanlık, savaş ve katliamlarına devam etmektedir.

Dinler kendi görevlerini yerine getirmişler, fakat insanlık bunu layıkıyla eyleme geçirememiştir. Bu yüzden bir müdahale söz konusu olacaksa, yine bunu insanlık kendi kendine meydana getirecektir. Çünkü dünya yasaları bunu gerektirir. Sistem bunu gerektirir. Dünya gibi değerli bir gezegenin, insanlığın elinde yok edilmesine hiçbir sistem izin vermeyecektir. Ya değişeceğiz ya da topyekûn ortadan yok olacağız. Çünkü dünya biz olmadan da varlığını sürdürebilir. Fakat insan, dünya gezegeni olmadan yaşayamaz.

Rabbini Bilmek kişiye ne kazandırır?

Kendini Tanıma yolunda olan kişi Dünyasal kimliğini tanır. Ve bu dünyasal kimliğin ardında muazzam bir Tanrısal Ben'i keşf eder. Farkındalığı arttıkça Öz Farkındalık boyutuna geçer. Düşünce ve kavrayış ile, Tanrısal Ben'i tanıdıkça Rabbi ile tanışır.

Hallac-ı Mansur bu durumu şöyle ifade eder **"Gördüğünüz ben ile Tanrısal BEN'imi birbirine karıştırmayın"**.

Beden kimliği ile Tanrısal Ben birbirinden farklı kavramlardır. Kişi Kendini Bilme yolunda Kendini Tanıdıkça, Tanrısal Ben'i tanır. Ve dolayısıyla da Rabbin kim olduğunu kavrar.

Tanıma ile Tanışma farklı kavramlardır. Örneğin, biri ile tanıştığınızda, onu tanımazsınız. Onunla ancak tanışmış olursunuz. Tanımak için zamana ihtiyacınız vardır. Bu durum, ilahi boyutta da böyledir.

Rabbi ile tanışan kişi, zamanla Rabbini Tanır. Tanıdıkça, bu muazzam güç karşısında Hayrete düşer. Çünkü Rabb, Kendisidir. Kendi Öz Cevheri. Bu durumu öz idraki ile kavrayabilirse, Tanrının Vaad ettiği "Halife İnsan" olur. Kısaca Tasavvufta en çok kullanılan "Kâmil İnsan" kavramıdır. Kâmil İnsan, Rabbin kendisinden ayrı bir yapı olmadığını, öz farkındalık ile kavrayan kişidir. Rabbin kendisi olduğunu hatırlayan kişidir. Hatırlayan kişi Seçilmişler'den biridir. Kısaca Tanrının Öz Dostu. Bu kavramı, bir sonraki bölümde, detaylı olarak okuyabilirsiniz.

Hatırlama kişiye ne kazandırır?

Rabbin, kendinden farklı olmadığını kavrayan kişi, güç kazanır. Bu güç, beyin dalgaları ile yayılmaya başlar. Kişi artık konuşmasa bile, sesi duyulur. Titreşimi ile tüm ortamlara nüfuz eder. Bedeni dünyadan ayrılsa ve ölüp gitse bile, bu titreşim, tüm çağlara mührünü vurur.

Taklit eden kişiyi nasıl tanırız?

Kulaktan dolma bilgilerle anlamaya çalışan kişi, Kibre düşer ve dünya hayatında bocalamaya başlar. Ben Tanrıyım diye ortalıkta gezinen bir şaşkın haline gelir. Tasavvufta bu şaşkın kişilere "Beşer" tanımı yapılır. İslâm'da bu şaşkın duruma "Münafık" adı verilir.

Gerçekte Kâmil İnsan boyutuna ulaşan kişi, Rabbini tanımış ve onun Kendinden farklı olmadığını anlamıştır. Ve bu ona bir erdem kazandırır. Erdem kazanamayan kişi, kitabî ve kulaktan dolma fikir ve sözlerle atıp tutan kişidir. Kesinlikle itibar görmez. Sözleri de dinlenmez. Dinlense bile bir anlam bulmaz. Tanrıyım, Mehdiyim, Peygamberim, İsayım, Musayım diye ortaya çıkan binlerce insandan biri olur ve zamanla unutulur gider.

Hallac-ı Mansur **Ene'l Hakk** diyerek anlam bulmuş, dinlenmiş ve tüm çağlara mührünü vurmuştur.

Seçilmişler Kavramı

Seçilmişler Kavramı, Hallac-ı Mansur Felsefesinde çok önemli bir yer tutar. Hallac-ı Mansur Seçilmişler kavramını, Tanrının Öz Dostları olarak kabul eder. Seçilmişler kavramını anlamak için Hiyerarşik düzeni kavramak gerekir.

Soyutun, Somuta geçişinde, ana temel Nokta'dır. Nokta, punto, point, zerre olarak bilinir. Değişmeyen Öz, Öz Kavram ve Tanrının İfadesidir.

Nokta Nedir?

Nokta Doğrudur. Doğru, Noktadır. Tek Hakikat olan Gerçeklik, Nokta olarak ifade edilir.

Nokta genişledikçe, flûlaşır, netliğini kaybeder, titreşimi kabalaşır, fakat Öz Bilgisini kaybetmez.

Hallac-ı Mahsur Felsefesinde bu şöyle ifade edilir:

Tek Doğru, Tek Hakikat'tir.

Bunu nasıl kavrayabiliriz?

Tek Doğru, genişleyip yayıldıkça, Doğruların Doğrusu adını alır. Ne kadar isim alırsa alsın, Tek Doğru vardır. Doğruların Doğrusu da, Tek Doğrudur.

Hallac-ı Mansur, genişleme ve yayılma durumuna "Kopuş" ismini verir. Ve bu kopuşun sonsuzluğuna dikkat çeker.

Tek Doğru, sonsuz kopuşlardadır.

Kısaca, Tek Doğru yayılır, genişler, flûlaşır, titreşimi kabalaşır. Tek Doğru kavramı, Sonsuz kopuşlarda, Doğruların

Doğrusu kavramına geçer. Fakat Öz Bilgi, sonsuz kopuşlarda, netlik azalsa dahi, değişmez.

Kopuş kavramı: Kopmak, ayrılmak, uzaklaşmak değildir. Kopmadan kopma, ayrılmadan ayrılma, uzaklaşmadan uzaklaşma anlamındadır.

Nokta, sonsuzca genişler, yayılır fakat Öz Bilgisini korur.

Tek Doğru, sonsuz kopuşlarda Doğruların Doğrusu olur, fakat Öz Bilgisini korur.

Tanrı Bilgisi, sonsuzca genişler, yayılır, sonsuz kopuşlara ulaşır, fakat Öz Bilgisini korur.

Öz Bilgi, en kaba titreşime sahip maddesel ortamlara bile ulaşır. Bu şu anlama gelir: Her varlık, hangi şekli, hangi biçimi alsa bile, en kaba ve en ince titreşimde olsa bile, Tanrısal Öz Bilgisi değişmez. İşte bu **Nokta Felsefesinin** Özüdür.

En acımasız insanda da Tanrısal Öz Bilgi mevcuttur. En Yüce gelişmiş, olgunlaşmış insanda da Tanrısal Öz bilgi mevcuttur. Öz Bilgi, istisnasız her zerrede, her insanda, her dünya ortamında mevcuttur. Tanrısal Öz Bilgi, ayırt etmez. Torpil geçmez. Farklılıklar ve çeşitlilikler gözetmez. Sonsuz sayıda varlıklara, sonsuz genişlikteki Kâinata, sonsuz formdaki maddesel ortamlara ulaşır ve muhafaza olur. Tanrısal Öz Bilgi, her yerdedir, her şeydedir.

Bu kavramdan ne anlamalıyız? Tanrı, Varlıklarına en yakın mesafededir. Tanrı ayırt etmez. Tanrı farklılık ve çeşitlilik gözetmez. İnsan Tanrıyı anlayana kadar her an onunladır. İnsan bu ilahi sistemdeki yerini bulana kadar, Tanrı onun yanı başındadır. İnsan Öz Bilgiyi fark edene kadar, Öz Bilgi onun yüreğindedir. Kur'an-ı Kerim'de bu kavram çok net ifade edilmiştir: **"Sen nerede isen, seninleyim"** (Kur'an Hadid Suresi 4. Ayet)

Kopuş kavramı, Yüce bir kavramdır. Biz bu kavramı "Unutma" olarak biliriz.

Genişleme ve Yayılma, **unutma** kavramını ortaya koyar. En yüceden kopuş, Unutmadır.

Sonsuz açı ile sonsuzluğa yayılan Nokta, kabalaşır, netliğini kaybeder ve şekil almaya başlar. Şekillenir, Biçimlenir, belli bir Form'a sahip olur. Her şekil, form ve biçim, bir önceki, şekil form ve biçimini hatırlamaz, unutur.

Kısaca, Netliği azalan Form, bir önceki Form'unu unutur. Fakat Öz Bilgisini kaybetmez. Netlik azalsa dahi bağlantı devam eder. Her Formun görevi, bir önceki Form'u Hatırlamak'tır. Hatırlama nasıl olmalıdır? Kendini Tanıyarak!

Kur'an-ı Kerim'de bu durum "Halden hale geçme, kademe kademe ilerleme, aşağıların aşağısı" olarak anlatılmıştır. Ve Kur'an-ı Kerim'de en çok tekrarlanan sözcük "Hatırla" kelimesidir.

❦

Her Form, Tek Doğru'nun bilgisini taşır. Hallac-ı Mansur bu Tanrısal Bilgiye "İksir" adını verir. Bu iksir, bir panzehirdir.

İlk koşup anı gerçekleşmeden, varlıklar İksiri içerler. Kâinatın her köşesine dağılırlar. Bu iksirin genel ismi "Âşk"tır.

"Âşk iksirinden içen varlıklar, sonsuz kopuşlarla yayılmışlardır." Âşk İksiri, Mansur Şarabı olarak da bilinir.

❦

Kısaca, Tanrı kendinden sonsuz kopuşlarla ayrılan, genişleyen, biçimlenen, şekil alan varlıklarına Âşk İksirinden içirmiştir. Varlıklar, çeşitli formlar aldıkça, içtikleri, Âşk İksirini unuturlar. Ve Tanrı, Öz Dostları vasıtasıyla "İçilen Âşk İksirini" Hatırlatır.! Bu Tanrının Değişmez kuralıdır, kanunudur, prensibidir. Tanrı en büyük Hatırlatıcıdır. Ve Hatırlatma eylemini de Öz Dostları yardımı ile yapar. Öz Dostları kavramına Seçilmişler ismi verilir. Seçilmişler, Hatırlayan kişilerdir. Hatırladıklarını da Hatırlatan görevlilerdir.

Bu hatırlama olayına en iyi örnek Hz. İsa verilebilir. Hz. İsa, kendini tanıyan, Rabbi ile tanışan ve Rabbinin Kim olduğunu bilen bir peygamberdir. Ve bu doğrultuda Hz. İsa'ya, Rabbin Oğlu denmiştir. Hz. İsa, kendi Tanrısal Gerçeği olan Rabb'e **'Baba'** ismini verir. Baba diye seslendiği, Kendisidir. Kendisinin Erdemli ve Güçlü Tanrısal Gerçeği. **Oğul, Tanrıdan doğma değil, Tanrısal olduğu Gerçeğidir.** Hristiyanlıkta bu bilgi doğru, fakat eksik anlaşılmıştır. Baba, Oğul, Kutsal Ruh üçlemesi, Kâmil İnsan boyutudur. Hz. İsa'nın "Tanrı Oğlu" kavramı, Kâmil İnsan boyutunu ifade etmelidir.

Kendi Tanrısal Gerçeği ile Tanışan kişi, kendi dünyasal kimliğini koruyan, kollayan, ıslah ve terbiye eden Rabbi ile karşılaşmıştır. Rabbi ile tanışan her insan, Kendi Tanrısal Gerçeğine bir isim verir. Bu kişiye özeldir. Kişi ile kendi arasında özel bir sırdır. Bunu ister ifşa edip, herkese beyan eder. Paylaşır. İsterse bir ömür boyu sır gibi saklar. Bu aydınlanmanın denenmiş yoludur. Her Peygamberin, her Arifin, her Velinin, her Aydınlanan kişinin, bu Tanrısal Gerçeğe verdiği isim farklılık gösterir. En bilinenler şunlardır:

Hz. İsa "Baba", Hz. Musa "Yehowah", Hz. Muhammed "Allah", Zerdüşt "Ahura Mazda", Hindular "Brahma", Sümerler "Anu", Mısırlılar "Amon", Hz. Mevlana "Şems" Hallac-ı Mansur "Ene'l Hakk" der. Fakat hiçbiri Hakikati, insanlara apaçık vermez. Ancak isim ile İşaret verir, sembolleştirir. İsimler, sıfatlar değişse de, tek bir Hakikat ve tek bir Doğru değişmez: Her insanın Tanrısal olduğu Hakikati.

Bu isim ve sıfatlar kimi coğrafyalarda bir **Tanrı** olarak kabul edilmiş, ya da **felsefi isim** boyutunda kalmıştır. Tanrı olarak kabul edilen coğrafyalarda, aydınlanmış kişinin öğretisi Din olarak kabul edilmiştir. Felsefi boyutta kabul edilen coğrafyalarda, aydınlanmış kişinin öğretisi "Yaşam Biçimi" olarak kabul edilmiştir.

Tanrı-Din kavramı ve Felsefi İsim-Yaşam Biçimi kavramı, Aydınlanan kişinin kendi Tanrısal Gerçeği ile ne kadar irtibatta olduğu ile alakalıdır. Bu irtibat ne kadar güçlü ve derin ise, etkileme alanı o kadar güçlü olacaktır. Aydınlanan kişinin Hatırlama derinliği buna etkendir. Derinlik son kademeye ulaşana kadar devam eder. Her aydınlanma kademesinde de güçlü beyin dalgaları genişler, yayılır ve diğer kişiler üzerinde etki alanı oluşur. Aydınlanan kişinin sözleri değişir. Sözlerin derinliği arttıkça etkisi de artar. Bu sözler, kimi coğrafyalarda Vahiy olarak kabul edilir kimi coğrafyalarda İlham olarak kabul edilir. Kendi Öz Tanrısal Boyutundan aldığını direk aktaran Seçilmişler, vahiy aktarımında bulunurlar. Kendi Öz Tanrısal Boyutundan aldığını yorumlayarak aktaran Seçilmişler, ilham aktarımında bulunurlar. Vahiy aktarımı, ayetleri ve kutsal kitapları, İlham aktarımı da felsefeyi ve yaşam biçimlerini oluşturur. Toplumlar bu aktarımları Din ya da Felsefe olarak kabul eder. Vahiy yolu ile Öz Bilgiyi aktaran Seçilmişlere Elçi, Resul, Peygamber ismi verilir. İlham yolu ile Öz Bilgiyi aktaran kişilere Arifler, Veliler ve Aydınlananlar ismi verilir.

☙❧

İster Vahiy yolu ile kabul edilen Din, ister İlham yolu ile kabul edilen Felsefi yaşam biçimleri olsun, değişmeyen tek bir hakikat vardır: Bu Tanrısal bilgiler, İnsanlar üzerinde bir Yıkım meydana getirir.

Yıkımların sürekliliği ve farklılıkların kavranması çok önemlidir.

Yıkımların sürekliliği, yaşanılan tecrübelerdir.

Her çağın Resulü, Peygamberi, Arifi, Velileri olur ve Tanrı daima Seçilmişleri ve Öz dostları vasıtası ile bu yıkımı gerçekleştirir.

Uzaklaşmış, maddeye boğulmuş, fiziksel ihtiyaçtan öte bir şey bilmeyen, Tanrı tanımaz insanların üzerinde meydana gelecek bir Yıkım'dır bu.

Yıkım, insanları kendi hakikatlerine yöneltecektir.

Tanrı, Yıkımı gerçekleştirmek için Öz Dostlarından yardım alır. Vahiy ve İlhamları ile insanlığı yıkıma uğratacak bilgiler akmaya başlar. Hakikat bilgileri, insanların maddeye olan düşkünlüklerini hatırlatır. Ve maddeye yapışan benliklerini, söke söke, canlarını acıta acıta Hatırlatır. Bu acı, vicdani boyutta yaşanır. Eğer vicdani boyutta yaşanamıyorsa, Yıkım daha da dozunu arttırır. Fiziksel olaylarla, insanlığın vicdanları tetiklenir. Ta ki, her insanın kendini tanıması ve dolayısıyla da Rabbini tanıması sağlanır.

Kur'an-ı Kerim ayetinde bu durum şöyle belirtilmiştir.

Rabbine dön! (Kur'an-ı Kerim Fecr Suresi, 28. Ayet)

Yaşamın ana gayesi, insanın ve insanlığın, Rabbine dönük olmasıdır. Rabbine dönük yaşam, dünyanın cennet olmasıdır.

Seçilmişler ve Tanrının Öz Dostları olan Peygamberler, Arifler, Resuller, Veliler, Elçiler insanlığın tüylerini parlatmaya, mallarına mal katmaya, zenginliklerini arttırmaya gelmezler.

Tam aksine, dünya yaşamlarında Rabbe Dönük bir hayat sürmeleri için Yıkım gerçekleştirmeye gelirler.

Tecrübeler ilahi yıkımlar ve ilahi farklılıklar bütünüdür. Bu yıkım, bilerek isteyerek can acıtma ve vicdan sızlatma değil, İnsanlığa yapılan en büyük yardım ve Tanrısal ödüldür. Çağlar boyunca, insanlar tarafından Yıkımlar, ters algılanabilir. Bir ödül ya da yardım olarak değil de, "Ceza" olarak görülebilir. Bu da dolaylı olarak Yıkımı gerçekleştiren Seçilmişlere olumsuz tavırlar alınmasına neden olur. Bu nedenle zulüm görmüş, çarmıha gerilmiş, işkencelerle öldürülmüş nice Peygamber, Veli, Arifler ve Aydınlanmış kişiler olmuştur.

Çağlar boyunca, insanlar tarafından Yıkımların olumlu algılandığı zamanlar da oldu. Bu yıkımlar, "Rahmet" olarak görüldü. Rahmet kavramı, Yıkımı gerçekleştiren Seçilmişlere olumlu tavır alınmasını sağladı. Bu nedenle, sevilen, kabul edilen, onaylanan Seçilmişler de çoğunluktadır.

Seçilmişlerin ve Tanrı Öz Dostlarının zulüm görmesi, onların eksikliğini göstermez. Bu durum, o çağda yaşayan insanlığın ne kadar Tanrıtanımaz ve maddeye gömülmüşlüğünü ortaya koyar.

Seçilmişlerin ve Tanrı Öz Dostlarının onaylanarak kabul edilmesi, onların daha üstün olduğunu göstermez. Bu durum, o çağda yaşayan insanlığın Yıkıma hazır olduğunu ortaya koyar.

Dünya tarihi boyunca, Tanrının Öz Dostları hemen kabul görülmediler. Yalancı, büyücü, sihirbaz olarak tanımlandılar.

Tanrının Öz Dostları da, dünya beşer kimliğinde, bizim gibi insanlardı. Tek farkları, Hatırlatan olmalarıydı.

Tanrının Öz Dostları, insan kimliğinde olsalar da, kendilerini tanıyan ve Rabb'lerini bilen kişilerdi. Sözleri doğru ve emin sıfatlı kişilerdi.

Hallac-ı Mansur bundan şu şekilde bahseder: **Seçilmişlerin giysileri tozdandır. Onlar, Tanrısallığın köşe taşıdır. Onların ilkeleri uyarıcıdır. Buyrukları dileklerdir. Üzüntüleri de insanlığın mutsuzluğudur.**

Seçilmişler ve Öz Dostlar, İnsanlık için kendilerini feda eden kişilerdir. Amaçları: İnsanlığın vicdani boyutunu tetiklemek ve Tanrının Âşk İksirinden haber getirmek.

Vicdan sesini duymak neden bu kadar önemlidir?

Tanrının Öz Dostları, vicdan sesini duymamız için neden çaba harcarlar?

Vicdan sesi, Tasavvufta önemli bir kavramdır. İnsanın gönlüne saklanmış incidir. Herkesin merakla beklediği, aradığı en büyük sırdır.

Vicdan sesi, istisnasız her insanın gönlüne gizlenmiş bir Nokta'dır. Ve tüm insanlar, vicdan kanalı ile Tanrı ile bağlantıdadırlar. Vicdan sesi kavramı çok büyük bir sır içerir. Çünkü her insanın gönlünden vicdan sesi ile konuşan Tanrının kendisidir.

İnsanlar, günlük işleriyle, dünya işleriyle, diğer insanları memnun etmek ve onlara kendilerini kabul ettirmek için o kadar çok uğraş verirler ki, Vicdan Sesini duymayı ihmal ederler. Oysa Vicdan sesi hiç susmaz. Çünkü Tanrı tüm varlıklarıyla konuşur. Fakat Tanrıyı duyanlar, ancak Tanrının Öz Dostlarıdır.

Hallac-ı Mansur "Ene'l Hakk" derken, vicdan sesini en güçlü duyanlardan biridir.

Kur'an-ı Kerim'de "Göklerin ve Yerin Orduları" kavramı geçer. **Göklerin** kelimesi çoğuldur ve sadece dünya üzerinde hayat olmadığının bir kanıtı gibidir. Başka gezegen ve yıldız sistemlerindeki Seçilmişler ve Tanrı Öz Dostlarından işaret eder. **Yerin** kelimesi tekildir ve Dünyamızdaki Seçilmişler ve Tanrı Öz Dostlarını işaret eder.

Göklerin Orduları ve Yerin Orduları Vicdan Sesini duyanlardan oluşur.

Allah'ın sesi, kulaklara değil gönülleredir. Vicdan sesi de Gönüllerden duyulur. Kulaklardan değil.

Yerin Orduları olan Seçilmişlerin isimleri yoktur. Onlar isimsizlerdir. Sayıları da bilinmez. Sayıları ve isimleri ancak Rabb Katında bellidir. Adı ve felsefesi dünyaya duyurulmuş nice Arifler ve Peygamberler dışında, adı hiç duyulmamış ve hakkında hiçbir şey bilinmeyen nice Seçilmişler de yeryüzünde yaşadılar ve yaşamaktalar.

Kur'an-ı Kerimde nice peygamber ismi geçse de, bazı Seçilmişlerin sadece sıfatı bulunur. Seçilmişler, Kutsal Ayetlerde, "Allah Katından ilim verilen" "Allah Katından Rahmet verilen" "İlim Öğrettiğimiz" "İlim Verdiğimiz Kullarımızdan biri" olarak geçer.

İslâm dininde Seçilmişler ve Tanrının Öz Dostları ayrı bir öneme sahiptir. Kur'an-ı Kerim'de "Sadıklar" kavramı olarak geçer.

"Sadıklarla Beraber" Kavramı

Arapçası "Kademe sıdkın inde rabbihim" (Kur'an-ı Kerim Yunus Suresi 2. Ayet) olan, Türkçesi "Rabbin katında Sadıklar Makamı" ayeti. Bize Sadıklar'dan haber verir. Fakat Kur'an, **Sadıklardan olun** demez. **Sadıklarla beraber olun** der. Bu iki kavram birbirinden çok ayrı kavrayış gerektirir. Sadıklar, Seçilmişler ve Tanrının Öz Dostları kavramını geçen bölümde aktarmıştık.

Sadıklar kavramı bir makamdır. Rabb Katında Sadıklar Makamı ve Sadıklar Plânı olarak geçer. Özü sözü bir, lafında sadık, verdiği sözü hatırlayan, açanları keşf eden ve açanlarla beraber olan, vicdan sesini duyan ve Tanrı'dan vahiy ve ilham alanlar Sadıklar'dır. Kur'an ilmi Sadıklar için, "Rabbin katında gerçek bir makam onlar için Haktır, bu bir müjdedir" ifadesini kullanır. Sadıklar müjdeyi verdiğinde, insanlara şaşırtıcı gelir. İnsanlar hayrete düşerler, inkâr ederler. İnsanların çoğunluğu, Sadıklar için, büyücüdür tanımını yapar. Çok azı, Sadıkların Tanrı ile ilişkisini sezinler.

Kur'an Sadıklarla Beraber olma kavramı üzerinde durur.

Ne demektir Sadıklarla Beraber olmak?

İnsan, beyninin çok kısıtlı bir bölümünü kullanır. Ve bilincin sınırları içinde hapsolur. Kısıtlı beyni ve sınırlı bilinci ile kâinatı anlamaya çalışır. Kavramları hissetmeye çabalar. Görünmeyeni bilmek ister ama başaramaz.

Kısıtlı ve Dar görüşü ile ancak "yorumlar" ve "tahminler" ötesine geçemez. Tasavvufta "Gönülleri kör ve sağır" kavramı sıkça geçer. Gönüllerin kör ve sağır olması, Bilincin kısıtlı ve düşüncenin sabit olduğu anlamındadır. Böyle bir bilinç ve düşünce yapısıyla Sadıkları, Seçilmişleri ve Tanrının Öz Dostlarını anlamak çok zordur. Onların aktardığı Tanrısal Öz Bilgileri kavramak ise imkânsızdır.

Sadıklarla beraber olmak: Sadıkları örnek almaktır.

Ancak böylelikle Dar görüşlülükten ve Kısıtlı bilinç imkânlarından kurtulmak ve zihnen özgürlüğe kavuşmak mümkün olabilir.

Devamlılığı Sağlayanlar

Bu bölüme kadar Yerin Orduları olan Seçilmişler ve Tanrının Öz Dostlarından konu edildi. Fakat Göklerin Ordularından bahsedilmedi.

Birçok kutsal kitapta, Göklerin Orduları, üstü kapalı ve sembolik bir aktarım ile ifade edilir. Çeşitli tanımlar yapılır. Kur'an-ı Kerim'de "Uzak yoldan gelen" "Aç ve yorgun olmayan" "İnsan zaafları bulunmayan" "Müjde ile gelen" tanımları yapılır. İsimleri yoktur fakat sıfatları boldur.

Göklerin Orduları "Devamlılığı Sağlayanlar"dır. Onlar bir devir kapatıp, bir devir açanlara Müjde getirenlerdir.

İslâm Peygamberi Hz. Muhammed'e gelen Vahiy Meleği Cebrael "Devamlılığı Sağlayanlar"dır. Kur'an'ı müjdelemiştir.

Türkiye Cumhuriyeti'nin Kurucusu Mustafa Kemal Atatürk "İstikbal Göklerdedir" sözü ile "Devamlılığı Sağlayanlar"ı işaret etmiştir. Yeni bir ülke ile müjdelenmiştir.

Anadolu Sufilerinden Yunus Emre'nin "Bize Dervişler Geldi" sözü çok ünlüdür. Üstelik büyük bir sır içerir. Yunus Emre bu sözü ile "Devamlılığı Sağlayanlar"ı işaret eder. Anadolu'nun en zor zamanlarında Yunus Emre'ye "Safa" müjdelemişlerdir.

Kur'an-ı Kerim'de Hz. İbrahim'in ziyaretçilerine "Selam Yabancı Topluluk" olarak seslendiği ayeti vardır. Hz. İbrahim'in konukları "Devamlılığı Sağlayanlar"dır. Hz. İbrahim'e erkek evlat müjdelemişlerdir.

Kur'an-ı Kerim'de Hz. Musa'ya İki Denizin Birleştiği yerde karşılayan "Rabb Katından kendisine ilim ve rahmet verilen genç" tanımı da Devamlılığı Sağlayanlar'a bir işarettir. Hz. Musa'ya İlim müjdelenmiştir.

Kur'an-ı Kerim'de Hz. Meryem'e görünen "Rabbinden gelen Elçi", Devamlılığı Sağlayanlar'dır. Hz. Meryem'e Hz. İsa müjdelenmiştir.

Tevrat kitabında "Sayılar, Bab: (11/125) Ve Rabb buluttan indi ve ona söyledi" ayetinde "Devamlılığı Sağlayanlar"ı işaret etmektedir.

Tevrat Heizekel ayetlerinde sıkça rastlanan Göksel Araba tanımları da "Devamlılığı Sağlayanlar"ı işaret eder.

Mitolojik efsanelerde anlatılan hikayeler, Çok ünlü Masallar ve Efsanelere konuk olan Göksel Ziyaretçiler de "Devamlılığı Sağlayanlar"ı işaret eder.

Bunun dışında, hiyerogliflere ve tabletlere kazınan göksel araba ve dünya dışı insan motifleri de "Devamlılığı Sağlayanlar"ı işaret etmektedir.

İlahi Varlıklar, Göksel Ziyaretçiler, Göksel Elçiler, Koruyucular gibi kavramlar "Devamlılığı Sağlayanlar"dır.

Yerin Orduları kadar, Göklerin Orduları da büyük öneme sahiptir. Ve üstü kapalı, sembolik ifadelerle tanımlamalar yapılır. Göklerin Orduları da, farklı boyutlardan, farklı gezegenlerden gelen, dünya canlılarının korunması görevinde bulunan, türün ve soyun devamlılığını sağlayan Rabbin Seçilmişleri'dir.

Kur'anda bahsedilen Devamlılığı Sağlayanlar genelde "erkek çocuk" müjdesi ile gelirler. Bakire Hz. Meryem'e ve Hz. İbrahim'in yaşlı ve kısır karısına "Erkek çocuk müjdesi" getiren yine Devamlılığı Sağlayanlardır.

Birçok kutsal ayetlerde de Devamlılığı Sağlayanlar "Yardım ve hizmet" amaçlı ilim öğretmek ve idraki yükseltmek için görev yapmışlardır.

Devamlılığı Sağlayanlar'ın ortak bir özelliği vardır: Değişim.

Devamlılığı Sağlayanlar'ın ziyaretleri sonrası mutlaka bir Değişim yaşanır. Onların ziyaretleri bir Dönüm noktasıdır. Radikal bir değişimdir. Ve Mucizevi olayları tertip ederler.

Tek bir amaçları vardır: Yaşamın devamlılığını tanzim etmek.

Bu ziyaretler fiziksel bir temas ile gerçekleşir. Çünkü Kelam, değişim için yeterli olmadığı zamanlarda, insanların fiziksel ve duyu dünyalarına bir darbe gereklidir. Ve bunu en iyi gerçekleştiren de Göksel Elçiler olmuştur.

Dünya insanı **Devamlılığı Sağlayan** kavramına çok da yabancı değildir. Ekolojik sistem bunu her an yapmaktadır. Tabiat olaylarını izleyerek bunu anlayabilir. Önemle belirtmeliyiz ki, Dünyada olup biten tüm işleyiş, İlahi Düzen ile birbirine benzer.

Dünyamızda da Devamlılığı Sağlayan bazı unsurlar vardır. En başta Rüzgârlar, Bulutlar, Okyanuslar, Çöl kumları, Polenler gibi. Onlar olmasaydı, dünyada eko sistem yok olup gidebilirdi.

Tozutup savururlar, esip bir yerden bir yere nakil ederler, incelerler, devamlılığı sağlarlar. Ağır yük taşıyan bulutlar ki, onlar tonlarca ağırlıkta olan su buharı sayesinde gökyüzünde havadan hafif oldukları halde öylece durabilirler. Onlar devamlılığı sağlayan en önemli tabiat olaylarıdır. Rüzgâr ve bulut olmadan, hayatın devamlılığı sağlanamaz. Yazı müjdeleyen, kışın yağan kardır. Buzulların oluşmasına sebep olan Çöl fırtınaları ile taşınan çöl kumlarıdır.

ENE'L HAKK

Hallac-ı Mansur Felsefesi
Temel Kavramlar 3

Temel Kavramlar 3. Bölümde, Hallac-ı Mansur'un felsefesinde önemli yer tutan kavramlara yer verildi. Üstü kapalı olan örtüler açıldı. Bu kavramların her biri, ayrı ayrı başlık altında toplanıp aktarıldı. Bu kavramların açıklamalarını, derin bir hissediş ile aktarmaya ve anlaşılır olmasına özen gösterdim.

Konuşma Kavramı

Konuşma kavramı, tüm öğretilerde olduğu gibi, dünya üzerinde yaşayan her toplulukta, kültürlerde, Tasavvufta ve Dini kaynaklarda çok önemli bir yer tutar. İnsan iletişim kurarak anlaşabilen bir canlı türüdür. Genelde iletişimini konuşarak yapmayı tercih eder. Bu konuşma kavramı karşılıklıdır.

İnsan sadece diğer insanlar ile değil, diğer canlı türleri ile de konuşabilir. Doğa ile, hayvanlarla, ağaçlarla, kuşlarla, akarsularla, dağlarla iletişim sağlayabilir. Genelde konuşması tek taraflı olsa da, bu iletişim kişiye büyük rahatlık verecektir.

İnsan Rabbi ile, Tanrısı ile, Allah ile, Yücelik ile de konuşabilir. Karşılık alamasa bile, buna büyük ihtiyaç duyar. Bu sayede gönlüne, sezgi, ilham, vicdan kanalı ile bereket ve rahatlık gelir. Sonuçta karşılık alsa da, alamasa da, insan konuşan bir varlıktır.

Yücelik kavramı, konuşma kavramına dahil midir? Tanrı, Allah, Rabb insanlarla konuşur mu?

Hallac-ı Mansur felsefesinde, Tanrı, kendisinden başkasıyla ya da Öz Dostlarından başkasıyla konuşmaz.

Hallac-ı Mansur'a göre O, Rabb, Allah, Tanrı, sadece Öz Dostları ve Seçilmişler ile konuşur.

Hallac-ı Mansur'un TavaSin kitabında bahsettiği önemli bir şifre vardır: The Master of Yathrib. Türkçesi: Yesrib'in Efendisi.

Yesrib, Kur'an-ı Kerim'de sadece bir ayette geçmektedir. Ahzab Suresi 13. Ayettir bu. Yesrib Halkına bir seslenişi konu alır ayet. Yesrib ile ilgili başka isim ve detay yoktur.

Neresidir Yesrib?

Yesrib, Medine şehrinin eski ismi. Tam manası "şehir" anlamına gelir. Fakat bu şehir manası, aydınlanmış şehirdir. Şehir kelimesine büyük bir güç yüklenmiş ve şimdiki anlamıyla "devlet" kavramına bürünmüştür. Yesrib, Devlet anlamı taşır.

Yesrib Halkı, İslâm Peygamberi Muhammed'e, kendi akıllarının, vicdanlarının sesi ile ve özgür iradeleri ile kucak açmış bir halktır. Böylece, Aydınlanmış bir halk olarak ifade bulur.

Yesrib bir hicret yurdudur. Yesrib halkı, kendi özgür iradeleri ile İslâm dinini ve Peygamberini sevgi ile kabul etmiştir. Bu yüzden Yesrib Halkı, Aydınlanmış Halk veya Özgür Halk olarak temsil edilir.

Hallac-ı Mansur'un şifresi olan Yesrib'in Efendisi kavramı, oldukça dikkat çekicidir. Çünkü Hz. Muhammed'in Yesrib'de bulunduğu vakitlerde aldığı vahiylerin içeriği, ferahlama ve aydınlanmayı da ifade eder. Bu Aydınlanma, Medeniyetin ve Devlet kavramının temelini oluşturur. Medeni kavramının geniş yer bulduğu Yesrib daha sonraları Medine olarak isim değiştirir.

Ne demektir Yesrib'in Efendisi. Özgür İradeyi ve Özgür düşünceyi temsil eden bir Halkın ve Aydınlanmış bir şehrin Efendiye ihtiyacı mı vardır?

Efendi kavramı, Yetkin ve Lider anlamına gelir.

Yesrib'in Efendisi kavramını, Yesrib'in Lideri, Yesrib'in Yetkin Gücü olarak anlamalıyız.

Hallac-ı Mansur, "en yetkin ve dayanıklı bağışların" yapıldığı yer olarak ifade eder Yesrib'i. Bu bir şifredir. Bu şifreyi çözebilenler ancak anlayacaktır ki, Tanrı Öz Dostlarından başkasıyla konuşmaz. Hallac-ı Mansur, Hakiki Tanrı Sözlerinin ve Yüceliğin, görebileceğimiz, dokunabileceğimiz ve okuyabileceğimiz bir gizli kitapta toplandığını da açıkça ifade eder. Bu Gizli Kitabın da, Kuşların diliyle yazıldığını da önemle vurgular.

Nedir Kuşların Dili?

Kuş Dili, Görülebilen ve Görülemeyen tüm Âlemlerle, tüm varlıklarla iletişim metodudur. Fakat Kuş Dilinin temel bir özelliği vardır: Kurulan iletişime cevap alınması.

İşte bu cevap alma, karşılık alma işlemini Hallac-ı Mansur, "Tanrı sadece Öz Dostları ile konuşur" kavramı ile açıklar. Böylelikle Kuş Dilini sadece Tanrının Öz Dostları kullanabilir.

Kuş Dilini konuşan Öz Dost, ancak Yesrib'in Efendisidir. Aydınlanmış Halkın Lideridir. Aydınlanmış Halk, tüm zamanlara ve tüm mekânlara yayılmış ve geçerliliğini korumaktadır. Sadece takvimin belli aralığında yaşamaz. Sadece coğrafi bir konumda yerleşik değildir. Varlığı evrenseldir. Her yerdedir ve her zamandadır. Hiçbir zümreye bağlı değildir. Herhangi bir itikat ile kayıtlanmaz. Özgür İradelerin, Hür Vicdanların yer aldığı merkezdir.

Olgunluğa Erişme

Hakikat, gizlidir ve sırlılar bunu anlayamaz, ulaşamazlar. Çünkü Hakikat, yaklaştıkça büyüyen, büyüdükçe uzaklaşan, uzaklaştıkça derinleşen bir kavramdır. Hakikat, çölün sıcaklığından sıcak, kutbun soğukluğundan soğuk, ateşten alev, alevden daha sıcak kordur. Hakikat yolu dar, engebeli, kıldan ince, kılıçtan keskindir. Kor alevden yollar, buzdan kaygan zeminler, nefessiz bırakan çöllerle kaplıdır. Geçilmez, geçit vermez, aman dedirtmez, nefes aldırtmaz. Susatan, ağlatan, yalvartan, caydıran sebeplerle, nice entrikalar ve engebelerle doludur.

Başlangıçta beşer yabancıdır. Her bir patikadan geçer. Patikalar onu yola ulaştıracaktır. Ancak yola varması için çetin bir mücadele vermesi gerekmektedir. Mücadele edecek olduğu ise kendisidir. İslâm Peygamberi Hz. Muhammed'in belirttiği gibi, "insanın en büyük savaşı kendi ile verdiği savaştır".

Tesadüf olamayan tesadüfler vardır. Ve insana plânlar, kesişmeler, entrikalar hazırlar. Her bir vazife için seçilmiş beşer vardır. Hangisi o çetin savaşı verir de galip çıkarsa, belirtilen süreyi tamamlarsa vazifeyi o alır. Çünkü hiçbir vazife kimseye verilmez, vazife alınır. Liyakati olan vazifeye sahiptir. Vazifeli doğulur ancak vazifeyi yürütecek, idame ettirecek, devam ettirecek kişi, belirli süreyi tamamlamakla yükümlüdür. Bu insanın olgunluğudur.

Olgunlaşma, zoraki değil, ilahi bir prensibin dünyadaki görünen halidir.

Nefsin Kurbanı

"Nefsini, doğru olan şeylerle meşgul etmelisin" der Hallac-ı Mansur. "Yoksa nefsin seni meşgul edecektir." diye de devam eder.

Nimetleri bollaşan insan "Rabb ikram etti" diyerek inanca sarılır. Fakat nimetleri daralınca da "Rabb beni aşağıladı" diye yakınır ve inancı terk eder. Bu iki duygu hali bir ömür boyu sürer. Eğer bu duygu durumu olan İnancı ve İnkârı fark edemezse, acı ve sevinç içinde bir hayat sürecektir.

Nimetlerin bollaşması ve Nimetlerin daralmasını, yaşamın bir gerekliliği olarak görene kadar, inkâra ve inanca devam edecektir.

Ne zamana kadar?

Bunu fark edene ya da fark ettirilene kadar. Eğer fark ederse, bu duygu durumunun üstesinden gelmek için çareler arayacaktır.

Fark edemezse, fark ettirilene kadar acı ve sevinç hali insanda bir basınç yaratacaktır. Bu basınç hali zorlayacaktır. Zorlandıkça da bazı şeylerin farkına er ya da geç varacaktır. İşte bu fark etme haline dinlerde "kıyam" deniyor.

Eğer insan duygu durumlarından kurtulmayı ve onları kontrol altına almayı başarırsa kıyam eder. Kısaca bu halden kurtuluşu onun olgunlaşmasıdır. Nefsini kurban eder ve bu duygu durumundan özgürleşir. Nefsini doğru olan şeyler ile meşgul etmeye başlar.

Eğer kurtulamaz ve kontrol altına almayı başaramazsa, döngünün içinde çırpınıp duracaktır. Nefsine yenik bir durumda yaşamaya devam edecektir. Nefsin kurbanı olur ve nefsi onu olmadık şeylerle meşgul eder. Köleleştirir.

Haram Kavramı

Kitabın başlarında, Daire konusuna çok geniş yer verilmişti. Şimdi Haram kavramının, Daire kavramı ile bütünleştiği özelliğini ele alalım.

Can damarından akrabayız. **(Kur'an-ı Kerim Kaf Suresi 16. Ayet)**

Hallac-ı Mansur, Haram dairesi ile dünya hayatını anlatmaktadır. Bir bakıma haram dairesi bedenlenmektir ve bedende görünmektir. Tasavvufta beden, hapis hayatıdır. Ten kafesinde tutsak olmaktır.

Haram dairesini anlamak, ona dışardan bakmayı gerektirir. Bu, beden içinde mümkün olunamayan durumdur. Beden içindeyken yani haram dairesindeyken, Haram Dairesini kavramak mümkün olamaz.

Beden içinde olmak, beden içinde hapsolmayı gerektirir. Bu bir imtihandır. Ruhun, madde ile olan imtihanı. Kısaca, Açık şuurun, Kısıtlı Şuur ile test edilmesi.

Bedenini terk eden ancak Haram Dairesinden çıkabilir. Bu da ölüm denilen kavramdır. Ölmeden Haram Dairesinden çıkmak mümkün olmaz.

Beden içindeyken, Haram Dairesinden çıkabilen tek kişi son nebidir diye bahseder Hallac-ı Mansur. TavaSin kitabında şu ifade yer alır: " Haram dairesinin dışına çıkar, insanoğlu için derinden bir "ah" çeker."

Haram Dairesi ruhun hapis olduğu yerdir. Kurtuluş ancak nefsin ölümü tadması ile mümkündür. Yaşarken buna kavuşmak, anlayabilmek için peygamberliğin denenmiş yolundan geçilmelidir.

Ene'l Allah Seslenişi

Kutlu yere ulaşınca bir ağaçtan seslendi: "Âlemleri Terbiye eden Allah Benim", Ene'l Allah". **(Kur'an-ı Kerim Kasas Suresi 30. Ayet)**

Bir Ağaç dile geldi ve kulağı işitene seslendi: Ben Allah'ım.

Ağacın dile gelişine inanan bir kitlenin, kendisini katletmek üzere olması Hallac-ı Mansur'u derinden yaralamıştır. Bir ağaçtan konuşan ile kendisinden konuşan sesin aynı olduğunu da "Ene'l Hakk" diyerek dile getirmiştir.

En büyük kibir değil midir ki, bir insandan seslenen Rabbin sesine inanmamak. İnsanların cahilliği, bir ağaca inanır da en şerefli mahluktan gelen sese inanmaz. Kibrin, doymak bilmez kıskançlığın, en büyük cehaletidir.

Bir ağaçtan seslenen, bir iğnenin ucundan da görünür, tüm yaratılmışlardan üstün olan bir insandan da seslenir.

Hallac-ı Mansur "işte bir ağacın işlevi ile benim işlevim aynıdır" demiştir. Ağaçtan seslenerek Ene'l Allah diyen, şimdi bir insandan seslenerek Ene'l Hakk demektedir.

Kibir ve Yücelik

Tevazu içinde ol. Bütün şeref ve üstünlüğün ancak Rabbinden olduğunu bilip nefsine bir üstünlük verme ve kibre düşme.

Hakk'a karşı hayâlı, halka karşı vefalı ol. Tüm bedeninle, tüm hücrelerinle, tüm gönlünle ve tüm ruhunla Rabbini an ve zikr et. Sonsuz bir Âşkla iman et.

Rabbe ait olan nimetlerden faydalanıp, nefsimdendir diyerek şımarma.

Herkesi hoş, nefsini boş görüp, kendi kusurlarını gidermekle meşgul ol. Eğer olmazsan o seninle meşgul olur. Nefsini köle yapmazsan, nefsin kölesi olursun. Her firavunun Musa'sı, her şerrin karşısında bir Nur vardır. Neye meyil ettiğin senin yüreğinde gizlidir.

Her insanın bir nefsi vardır. Nefs, o insanın varlık delilidir. Nefsin varlığı kesindir. Kesin olmayan ise, insanın nefsine hâkim mi yoksa nefsine yenik mi yaşadığıdır. Bu soruya cevap, yaşamın içindedir. Yaşamı deneyimleyen her insan cevabı elbet bulacaktır.

Nefs bir zırhtır. Geliştirilebilir, eğitilebilir, kontrol edilebilir, kontrolü altına girilebilir. Nefs tahakküm edici, zulüm edici, zorbalık yapandır. Gerektiğinde zor kullanır. Tehdit eder, kandırır ve sizi oyalayabilir. Kısaca neye ihtiyacınız varsa, nefs size ihtiyacınızı yaşatır.

Nefs bir seçenektir. Seçimleriniz doğrultusunda, imkân sağlar. Mizansenler yaratmada ve oyun sergilemede bir ustadır. Nefse hâkimiyet ve Nefse yenik düşmek. Her ikisi de gelgitler halinde, insanın tüm yaşamını kapsamıştır.

Nefsine yenik düşen kişilerin gösterdiği davranışlar şöyledir: Dünya üzerinde, "Tanrı Benim" tavrı ile dolaşırlar. Ben varım ve benden başka hiçbir şey yok kibrindedirler. Ve bu durum kişiyi firavunlaştırır.

Nefse hâkimiyet, kolay elde edilecek bir erdem değildir. Yüksek boyutta bir çalışma gerektirir. Nefse hâkim olabilmek için önce nefsin ne olduğunu bilmek ve nefsi tanımak gerekir. Nefsin tanınması, kendini bilme çalışmaları kapsamındadır. Kendini bilmek ise, gelişim ve terbiye ile mümkün. Zorlu durakları ve aşamaları geçmek, nefsin kontrolünü ele almak, onu yönetebilmek, İnsan-ı Kâmil makamına ulaşmak. Tüm bu aşamalar, insanın Yüceliğe ermesidir. Bu yücelikte kibir yoktur.

Yücelik bir üstünlük değildir. Yücelik insana irade kazandırır. Tam bir imanla nefsinin her türlü istek ve arzularını bertaraf edebilen ve ihtiyacı oranında karşılayabilen, hayat planına göre hareket edebilen bir insandır. Bu duruma gelebilmesi için hayat boyu çalışması gerekecektir.

Âdem Kâinatı ve Azazel

Hallac-ı Mansur Felsefesinde, Azazel ve Âdem kavramları geniş yer tutar. Hallac-ı Mansur'a göre Azazel bir Âlim, Âdem ise gelişime açık bir yapıyı temsil eder.

Âdem Kâinatı, görülebilen evrendir. Aynı zamanda, özünde sonsuz Âlemleri de barındırır. Âdem Kâinatı en mükemmel formda yaratılmıştır. Kutsal Kur'an-ı Kerim, Allah'ın Âdem Kâinatını kendi kudretli elleriyle yarattığını ve ona ruhundan üfürdüğünü vahyeder. Âdem Kâinatı bir bütünselliktir. Bütünsellik sonsuzluğu ve gelişimi temsil eder. Çünkü Mükemmelliğin en belirgin özelliği, bilinmez oluşudur. Bilinmez oluş da, tecrübe ve tatbikata ihtiyaç duyar. Özünde mükemmellik olan her cevher, mutlaka olgunlaşmalıdır. Bu duruma tasavvufta "Tekâmül" adı verilir. Tekâmül kelimesi Arapçadır ve hiçbir dilde tam karşılığı yoktur. Tekâmül, İlahi bir prensiptir. Özünde sonsuz mükemmellik barındıran her yapının Tekâmüle muhtaç olduğunu bilmeliyiz.

Azazel, Rabb Katında Âlimdi. Fakat Âdem'den daha üstün değildi. Azazel bilgisi ve bilgeliği ile öğretici pozisyonundaydı. Fakat bilgisinin ve bilgeliğinin tecrübesi yoktu. Çünkü Azazel, gelişime açık bir yapıyı değil, daha çok öz bilgiyi temsil ediyordu. Burada, Bilgelik ile Gelişime Açık olmayı birbirinden ayırmalıyız. Her ne kadar bilgi kutsal da olsa, mutlaka tatbikata ihtiyaç duyar.

İlahi İrade Yasaları, hiyerarşik bir düzendir. Astlık ve Üstlük düzen, aşamaları gözeterek bir sınıflamaya ihtiyaç duyar. Bilgi sahibi olmak ile Bilgi sahibinin gelişime açık olması arasında, sınıflamada büyük farklar mevcuttur. Azazel kavramı her ne kadar bilgeliği temsil etse de, Âdem kavramının gelişime açık olan yapısından daha üstün değildir.

Bilgelik ve bilgi sahibi olma "tanımayı ve kabullenmeyi" içerir. Eğer bu durum oluşmuyorsa, dönüşüm kaçınılmazdır.

Kutsal Kur'an-ı Kerim'de bahsedilen "Secde etmek" kavramı, tanı ve kabullen anlamındadır.

Bilge Azazel'in "Âdeme Secde Et" emrine karşılık olumsuz bir tavır sergilemesi ve bunda diretmesi, kibirlenmesine sebep olmuştur.

Hiyerarşide, Bilgelik daima Gelişime Açık olanı tanıyacak ve secde edecektir. Bilgi, Tekâmülden üstün değildir. Bu yüzden Âlim ile Ariflik birbirinden ayrılır. Âlim olmak her şeyi bilmek ise, Ariflik her bildiğini tatbik etmek ve özümsemektir. Âlim olan Arif olandan üstün değildir, fakat ona secde etmelidir.

Azazel'in Âdemi tanımaması, Âlimin Arifi hiçe sayması anlamındadır. Bu konu, kutsal kitaplarda sembolik bir ifade, belli isimler ve mizansenlerle anlatılır.

Tanrı Azazel'e sorar: "Seni Âdeme secde etmekten, tanımaktan ve gelişimine yardım etmekten alıkoyan nedir?"

Azazel bitmez tükenmez bilgisi ve sonsuz kibri ile cevap verir: "Senden farkım ne? Sonsuzluk öncesinden beri sana en hayırlı bendim. Ve sen Âdemi bir balçıktan yarattın. Ben sadece sana secde ederim ve vereceğin herhangi bir ceza mükâfatım olacaktır."

Emre karşı gelen Azazel, kıskançlığın, doymak bilmez kibrinin ve sonsuz aklının eseri olarak da Rabb katından kovulur. Rabb katının Âlimlerinden olan Azazel, kovulduğu anda, yalın bir ateşe dönüşür ve İblis olarak isim ve cevher değişikliğine uğrar. Bir iblis olarak bundan sonraki amacı, Âdem ve neslini yeryüzünde takip etmek, kandırmak, aklını çelmek olacaktır. Ve bunu da Tanrıya ispatlayacaktır. Çünkü İblis, kendisine süre verilenlerden olmuştur.

Hallac-ı Mansur Felsefesinde, İblis kavramı çok önemli bir yer tutar. Mansur İblis'in öğretici tarafını ele alır. Âdemin bir Şifa, İblis'in ise bir Zehir olduğunu vurgular. Mansur'a göre, her Âdemin bir İblisi, her zehrin bir şifası vardır. Ve öz olarak, zehir de bir şifadır.

İblis kavramı, Âdem ve soyu için, öğretici kanunlar zinciridir. Eğer İblis, zararlı olsaydı, zaten baştan yok edilirdi. İblis kavramı, Tekâmülü destekleyen bir yapının temsilcisidir. Kötü değil, bilakis öğreticidir. Çünkü insanlar, ancak kötüyü görerek, kötüye yönelerek doğruyu bulabilmektedirler. İşte gerçek tecrübe ve gelişim budur. Tekâmülün yegâne amacı, dünya yaşamında Rabbi hatırlamak ve Âdem kavramına yakışır insanlar olabilmektir. Savaş stratejilerinde söz edilen önemli bir anlamı unutmayalım: "Düşman benim öğretmenimdir. Çünkü bana daima ödevimi hatırlatır."

İblis kavramı, geniş bir kitleyi içerir. İblisin orduları Kutsal ayetlerde, şeytanlar ya da iblisin melekleri olarak anılır.

Ve onlar ki; şeytanlara kul olmaktan kaçındılar. Allah'a yöneldiler **(Kur'an-ı Kerim Zumer Suresi 17. Ayet)**

"Ey lanetliler, çekilin önümden! İblis'le melekleri için hazırlanmış sönmez ateşe gidin" **(İncil, Matta 25/41)**

İnsan kibirlenmeye müsaittir. Yaratım hamurunda Şehvet ve Nur bir aradadır. Hangisine daha çok yöneliyorsa, buna uygun yaşam sürer.

Nur boyutu Tanrısallığı, şehvet boyutu İblisi temsil eder.

Her ikisinin de dengeli olması gerekir. Yoksa her ikisinden birine tamamen yönelmesi gelişimini duraklatır.

Nur boyutuna yakın olması dünyadan uzaklaşmayı ve insani görevlerini yerine getirmekte yetersizliği temsil eder.

İblis boyutuna yönelmesi ise firavunlaşmayı gerektirir. Firavunlaşma, nefsinin hâkimiyeti altına girmesi, kendi nefsinden başka bir varlık tanımaması, kibrinin altında ezilmesi ve kâinatta iki mutlak yaratmasını da beraberinde getirir. Bu İlahi irade kanunlarının emrine ve isteklerine karşı gelmek demektir. Tekrar belirtelim ki, insanın bu iki boyutu da dengeli olarak kullanması gerekir. Ya insan olma özelliklerinden uzaklaşacak, ya da firavunlaşacaktır.

Denge, Tekâmülün olmazsa olmazıdır.

Âşk

"Sonsuzluktaki ilk kopuşta, O'nun Âşk iksirinden içmiş varlıklar, çoğalmış yayılmışlar tüm Âlemlere.

İman gücü öyle bir cevherdir ki, en kutsal Âşk ateşidir. Bakmaksızın görmek, duymaksızın işitmek, öğrenmeksizin bilmektir.

Ne mutlu ki, bakmadan görenlere, duymadan işitenlere ve gönül gözüyle iman edenlere.

Geldi çattı, tek kapılı Âlemden geçiş zamanı, kar ateşinden soğuk, kor ateşinden yakıcı. Neye üzüleyim, neye sevineyim? Bıraktığım Âşkıma mı, kavuştuğum Âşka mı? Sen doğdum-öldüm dersin, bense Aşıkların kavuşması derim.

Hakk'a kavuşmak cennetim, Hakk'tan ayrı düşmektir cehennemim, bilesin ki kor beyaz ateşlerdeyim, ödülleri ne edeyim, her iki cihanda da Âşkadır özlemim.

Her şey sadece seninle yolunda, beni unuttuğun için değil, ben hatırlayamadığı için. Biri ki Âşık ve seni hissettiğinde ateşe uçan pervane gibi, dilsiz, kanatsız ve anlaşılamayan."

Her doğum, Ruhun Madde ile olan Âşkıdır. Kavuşma anı şölendir. Tüm kâinat Şahitlik eder bu Âşka. Doğum sancılıdır. Lakin her sancı, Aşıkların kavuşma anındaki sevinç çığlıklarıdır.

ENE'L HAKK

Her ölüm Allah'a kavuşmadır. Âşığın, Âşka kavuşmasıdır. Âşk Hakikattir. Hakikat tektir ama yansıması sonsuzdur. Bakış açında hangi yansıma varsa, kendi gerçekliğinde, kendi realitende o hakikattir. İşte "zaman mevhumu" burada ortaya çıkar. O hakikatte hangi vakte kadar kaldığın, ya da görüş açındaki yansımanda ne kadar seyr-e daldığın, senin kendi anlayışındaki zamanındır. Zaman tektir ama kişinin gerçekliğinde yani realitesine göre değişir.

Merkeze en yakın olan en uzak olandır. Merkeze yaklaştıkça her şey daha bir aldatıcıdır. En ufak bir dikkatsizlikte en uzağa fırlarsın. Cehennemde ebedi kalma meselesi bu döngüden ibarettir.

"Bakan" gözlerimi "duyan" kulaklarımı kapatınca ancak "işitirim" ve "görürüm" o manevi güzelliklerin doyumsuzluğunu. Hissederim ruhumdaki yansımaların verdiği huzuru.

❧

Her insan bir kanattır, ancak gerçek eşini bulduğunda ikinci kanadı ile Âşka uçar.

Arayış ve buluş, mistik bir yolculuktur. Arayış An be Andır, buluş ise sadece bir yanılgı. Bulduğunu sandığın zandan ibarettir, çünkü her yaklaşma kayıb noktanın, bulunamayan noktanın mutlaklığını kavrayış, manalarda ve kavramlarda boğuluş, biçimlerde yok oluştur. Bulduğunu sandığın hiçlikte bir seyrediş, seyre dalıştır. Hakikat An be An varlıktır, görünen tüm mevcudiyettir, mevcudiyetteki vücuttur, vücuttaki her bir zerredir. Hakikat her an vardır ve açan ile kendini açığa vurandır.

Âşk ile yapılanda zorunluluk, zorunluluk olarak yapılanda Âşk olur mu? Arayış ve buluş, mistik bir yolculuktur. Arayış An be Andır, buluş ise sadece bir yanılgı. Bulduğunu sandığın hiçlikte bir seyrediş, seyre dalıştır. Hakikat An be An zattır, görünen tüm mevcudiyettir, mevcudiyetteki vücuttur, vücuttaki her bir zerredir.

İnsan ancak kendi manevi özü ile dünya meyvelerinin frekansını eşitlerse sanatsallığı doyumsuz olur.

Her insan bir kanattır. Tek kanatla uçamaz. İkinci kanata ihtiyaç duyar. Bu yüzden her insan kendi boyutunda ikinin ikincisidir. Diğer parçasını aramak ise mistik bir yolculuktur.

Aradığını bulduğunda tamamlanır. Diğer kanadına kavuşur ve o kanatla Âşka doğru uçabilir.

Sonunda düalite kavramından kurtulur. İkililik biter, Tek olur ve Âşk ile bütünleşir. Bu bütünleşme sonsuz bir yolculuğun döngüsünden ibarettir ve her kavuşma yeni bir başlangıçtır.

Kalp, bakmadan görmek, duymadan işitmek, dokunmadan hissetmek, özün ve hakikatin ne olduğu şuuruna varmak, gayb ile görünenin bir olduğu bütünsel bir idrake ulaşmaktır.

Allah, ikinin ikincisine kavuşmayı, çağrıyı duymayı, kalp ile bütünleşmeyi nasip eylesin.

Yaradan, nefs sahibi kuluna, Can damarından akrabadır. Uzak algısı, nefs sahibi kulun, Yaradanına sonsuz kesafet oranında, mesafe yanılgısıdır.

Bize hiçbir şey inmiyor, verilmiyor, kopmuyor, gelmiyor, uzamıyor. Bizatihi biz çekiyoruz, hatırlıyoruz, açıyoruz. "Fetih" anlayışlara ve idraklere kavuşmamız ve Fetihlerimizin bol olması dileği ile.

Her yerde seni arar dururmuş meğer bu yürek. Bulduğu kendinden başkası değilmiş. Anladım ki artık, Sen - Ben, Ben-Sen olmuş. Sonsuzlukta seyr eden Tek bir Yürek imiş.

Şimdinin enerjisini yakalayabilmek belki çok ama çok zordur, ama o kadar da basittir. Çünkü her şey basitlikte. Anı yaşayarak, anın enerjisini almak muhteşem bir enerji ile beslenmeyi de beraberinde getirir. Zor ama basit olan bu zaman-mekân çakıştırmasını yapabilen, minimum da olsa, her zaman değil, ama yapmaya bile çalışan, sıradanlıktan kurtulur ve kendisi olur. Kendisi olan, Âşk'la bütünleşir ve Âşk'ın enerjisini de hisseder, sonunda Âşk olur.

Tüm nedenlerin tek bir nedeni var. Ve o tek nedeni sınırlılık içinde anlayabilmen mümkün müdür? Sınırsız olmalısın ki sınırsız olanı, sonsuz olanı anlayabilesin. Fani dünyada, ölümlü bedende, ölümsüzlüğü ve sonsuzluğu anlayamazsın. Çünkü dünyanın sınırları olduğu gibi, bedenin de sınırı var.

Her seferinde aynı şey tekrarlamıyor, kâinatta bir şey iki kere aynısı olmuyor. Her seferinde yenilenerek yaşam devam ediyor. Her seferde bilgi özden akıyor ve öze iletiliyor. Hayat alış verişi daima yenileniyor. Ve değişim, bu yenilenen alış-verişlerde.

Her bir zerre, zerrenin de zerresi, varlığı ile yokluğundaki bütünlüktür, her bir parçası bütünlüktür. Bütün ile zerre, nokta ile daire, her noktanın dairedeki bütünlüğüdür.

O bir damla ki, sonsuz deniz deryada. Güneş yükselir, yakar kavurur, her bir zerreyi savurur. Çözünür yükselir göğe, sabırsızlıkla döneceği yere, bekler durur bir ümitle. Ne zaman ki güneş uyur, yıldızlar saklanır, gökler gürler, sert rüzgârlar eser, damlacık savrulur oradan oraya. Ama bekler bir ümitle, kavuşacağı ayrıldığı bedene. Toplanır bulutta bir beden olmuş ama yetmez ona, tonlarca ağırlığınca zerre durur öylece havada. Çakar şimşek yağmur olur iner yeryüzüne. Kâh Canlanan bir çağlayanda, kâh kaynayan bir membada, kâh çılgınca ters esen bir ırmakta, akar akar da sonunda, kavuşur o muhteşem edasıyla özlediği bedenine. Ama her kavuşmada, sormaz niye "ben" diye, nedendir diye. Öyle Âşk ki her kavuşma anında unutulur gider, bir sonraki döngüye kadar. Ama unutmaz damlacık her kavuşmada, debi derya da O, damla da O, yağmur da O.

Mansur'a "Âşk nedir" diye sordular. "Sabredip bekleyin. Üç güne varmaz görürsünüz" dedi.

Önce kollarını ayaklarını kopardılar. Lakin o hiç tepki vermedi. Acı yansıtmadı gözleri, inlemedi nefesi. Her uzvu Âşk dedi. Dar'a çektiler bedenini, o yine Âşk dedi. Küllerini nehre saçtılar. Her bir zerresi Âşk ile "Ene'l Hakk" dedi. Akan kanı Ene'l Hakk yazdı. Tüm dağlar, taşlar, uçan kuşlar, ağaçlar Âşk dedi. Nehir kabardı kabardı, şehri kuşatıp yutacaktı ki, Mansur'un hırkası yetişti, kavuştu Âşk'a. Dindi nehir. Kızgınlığı geçti. Kavuştu Mansur Âşkına. Âşkı da Mansur'a.

Derler ki, cam kadeh içi dolu Âşk iksiri, nar kırmızı, elinde tutuyor Hallac-ı. Diyor ki "Âşk için çekilen Dar'a, başı veren ancak kavuşur Nar-ı Cam'a."

Derler ki Hallac-ı'nın sırrı, söylediği Ene'l Hakk sözünde değildir, akan kanındadır. Kan kavuştuğunda toprağa, külleri esen rüzgâra, hırkası suya, bedeni ateşe, işte o zaman tamamlandı. Dünyanın maddesi çekti aldı kendinden olanı, Dünyanın ruhu çekti aldı ruhunu geri. Kavuştular bir oldular tamamlandılar. Dağlar taşlar inledi, çığlıklar atarak sevinçten, kendinden olanı kendine tamamlanaraktan. Ruhu sevinç içinde kavuştu kendi parçasına. Kimse duymadı bunları, duyamadı. Çünkü kulakları olanlar işitebilir ancak bu Âşk şarkısını. Aşıkların kavuşmasını. O bülbülü ten kafesinde şakıdı, şimdi her yerde sesi duyuluyor. Her esen rüzgârda, her akan suda, her mevsim yeniden doğan toprakta, her yanan alevde.

Görünende her şeye bakıyor, duyuyor, anlayamıyor, parçaları birleştiriyor tek tek, bıraktığı izleri takip ediyor, delillerin peşinde.

Görünmeyende her şeyi görüyor, işitiyor ve bilgisi, noktanın her yerinde mevcut.

Hallac-ı Mansur'a göre Âşk, biçimsizliktir. Biçimin olmadığı, suretlerin yok oluşundaki sevgiliye kavuşmadır. Suret ve biçim, sevgiliden ayrılma, ayrı düşme, unutma manasındadır. Ne vakit ki, onun ölümü üzerine külleri savruldu, işte Âşk buydu onun için. Çünkü ruhu sevgiliye ulaşmış, külleri de Dünyanın toprağına dönüşmüştü. Her şeyin bir gün aslına döneceği gibi.

İşte Âşk, Hallac-ı Mansur için buydu, her şeyin aslına dönmesi, geçici ayrılığın bitmesi, sonsuz kopuşlarda içilen Âşk iksirinin sonucuydu bu. Âşk iksiri varlığın aslına dönmesini sağlamasıydı.

Dar, Hallac-ı Mansur için, Âşka kavuşmaktı. Dar ötesi, Hallac-ı'n miracıydı. Hallac-ı Mansur için erenlerin miracı Dar'dan geçerdi. Dar, erenleri aslına döndürürdü. Toprak toprağa, ruh ruha, nur nura dönerdi ve her şey aslına dönerdi. Dar ile Mansur bütünleştiğinden dolayı, günümüze kadar Dar-ı Mansur olarak anılagelmiştir.

Âşk, Hallac-ı Mansur için, elsiz ve ayaksız olmaktı, çünkü el ve ayak ancak dünya hayatında gerekliydi. Oysa ki kimsenin görmediği bilmediği öyle bir aracı vardı ki, o ayaklar tüm Âlemleri gezdirir, tüm kâinatı tek saniyede dolaştırırdı. Çünkü uçmak isteyenin kanada ihtiyacı yoktur, kanadı olmadan da Âşk ile uçmak mümkündü.

"Biz sana demedik mi başkalarının işine karışma diye"
(Kur'an-ı Kerim, Hicr Suresi 70. Ayet)

TavaSin

TavaSin, Hallac-ı Mansur'un, günümüze kadar ulaşmış tek eseridir. İncecik bir kitaptır. Anlaşılması çok güç kavramlarla doludur. Ene'l Hakk kitabında bu kavramları anlaşılır bir şekilde açıkladım. Şimdi de, TavaSin kavramının sırrını okuyalım.

"Ta" iman etmiş, gerçekten Allah'a yaşarken ulaşmış insanın simgesidir.

"Sin" her varlığın yay uzunluğudur. Yay uzunluğu konusu, çok detaylı olarak Yörüngeler bölümünde anlatılmıştı. Yay uzunluğu Allah ile kul arasında olan bir sırdır. Kul, Allahı gözleri ile göremez. Yay uzunluğu buna engeldir. Ancak Yörüngesinden tanır. Hiçbir enerji diğerinin enerjisine erişemez, ulaşamaz, temas edemez. Gecenin gündüze, ayın dünyaya, dünyanın güneşe erişemediği gibi. Atomlar arasında da boşluk, partiküllerin birbirine dokunmasına engel olur. Her atomun da yörüngesi vardır. Her biri kendi yörüngesinde seyahat ederler.

Kısaca, her varlığın yörüngesi onun "Sin"idir. Kendisi "Ta"dır. TavaSin kelimesindeki "va" ise çokluğu ifade eder.

Tüm varlıklar, "TaSin"cevherine sahiptir. Özlerinde, günün birinde "TaSin" olabilecekleri bilgi saklıdır.

Ruhunda Rabbin ışığını yakabilen, gönlünde Rabbin ışığını alabilen, Rabbin çağrısını işiten ve Rabbine yönelenler "Sin" dir. Kısaca, bedenli iken, Rabbine verdiği sözü hatırlayanlar, "Sin" kavramındadır. Sin kayıtlar evreninin yansımasıdır. Âlemlerin Rabbi ile bağlantısıdır. Kayıtları tutar, ihtiyaçları belirler. Teması kurar ve aktarır. Kısaca, evrenden Vahyi alır ve "Ta"ya iletir. "Ta" bedendir. Tekâmül eden, gelişen, dönüşen, bilgisini tatbik eden varlığın kendisidir.

"Ta", "Sin" ile kavuştuğunda, tüm bilgileri cevherlerine akıtırlar. Ortaklaşa bir düzendir. Sarsılmaz bir terazidir. Evrenin şaşmaz iki kaidesi olan Kontrol ve Dengenin uygulayıcısıdır. "TaSin" insanın genel simgesidir. "Ta" madde ile "Sin" ise Cevheri ile ilişkilidir. "Ta" tecrübeyi, "Sin" ilhamı simgeler.

İşte "TaSin" İnsan-ı Kâmil mertebesini ve Âdem Kâinatını temsil eder. "TavaSin", "TaSin" kavramının çokluğunu ifade eder. Bu çokluk aslında, az sayıdadır. "TavaSin" Hakkın yeryüzü ordularıdır.

Hurufilik ve Hallac-ı Mansur

Hurufilik (Hurufiyye). Adını Arapça'da harfler anlamına gelen "huruf" kelimesinden alan; İran, Azerbaycan ve Türkiye'de 14. ve 15. yüzyıllarda etkin olan bir tarikat. Hurufiliği benimseyenlere "Hurufi" denir.

Hurufi hareketinin kurucusu ve önderi Fadlullah Astrabadi veya Naimi (1339?-1394) İran'ın Astrabad kentinde doğmuş ve hayatının erken yaşlarında tasavvufa ilgi duymuştur. Hallac-ı Mansur'dan etkilenmiştir. Çünkü Hallac-ı Mansur kâinatın ve dünya düzeninin matematiksel düzende olduğunu ilk sezen ve üzerinde duranlardandır.

Hallac-ı Mansur, her şeyin özü ve tüm çizgilerin ana temeli, nokta olduğunu savunur. O nokta Besmeledeki Ba harfinin altındaki noktadır. Ve o nokta için Hz. Ali "B"nin altındaki noktayım" diye işaret eder.

"Bundan daha güzel olanı, öncesiz nokta hakkında konuşmaktır. O bulunamayan nokta tek kaynaktır. Ne büyür ne küçülür ne de yok olur." der Hallac-ı Mansur, TavaSin kitabında. Böylece Hurufilik sisteminin ilk temelleri atılmış olur.

Bütün harfler ve biçimler, noktanın uzantısı, noktanın türevi olarak görüldüğünden, O'nun maddeler evrenindeki ilk belirtisi noktadır. Başlangıç nokta ile başlar, dikeyde uzar Elif olur. Yatayda uzar Ba olur. Nokta Elif'te saklıdır. Lakin tüm sır, Ba'nın altında gizlidir.

Hallac-ı Mansur'un, harflerden ve rakamlardan mana çıkarma felsefesi, günümüze kadar ulaşmıştır. Kitap el TavaSin'de harfler ile rakamlardan gizli manalara yer vermiştir. Arapça harflerin biçimlenişinde, Allah'ın gizli mesajlar ilettiğini vurgulamıştır. Çünkü semboller, ruhsallık ile maddesel ortamlar arasında en iyi köprülerdir.

Her harf, her rakam ilahi düzende bir semboldür. Açıkça anlatılamayan, dolaylı olarak anlatılmalıdır. Bunu çözebilenler ise "aklını" kullananlar için bırakılan "delillerdir". Ayetlerde sık sık tekrarlanan "aklını kullananlar için deliller bıraktık" cümlesi, sembolleri işaret etmektedir.

Arapçada her harfin bir işareti ve işaretin manası vardır. Öncelikle bazı Kuran sure başlarında bulunan Huruf-u Mukatta yani bilinmeyen sırlı kelimeler ancak vahyeden ile vahiy alan arasında gizli saklı kalmıştır. Huruf-u Mukatta, Kodlama ve şifrelerdir.

Sayısal İfadeler

Sıfır, ne varlık ne de yokluktur. İkisi de değildir. Kadim öğretilerde Tanrı, Sıfıra benzeyen daire ile ifade edilirdi. Hiçliğin ifadesi Sıfır'dır.

Bir, sıfırdan yansıyan ve görünen Âleme vücud veren tekliğin simgesidir. Hiçliğin ayağa dikilişi ve kâinatta nefes alışıdır. İnsanın ifadesi Bir'dir.

İki, Bir rakamının ters yansımasıdır. Bir ve Birin ters yansıması toplamda ikiyi meydana getirir. Zıtlığın ifadesi İki'dir.

Üç, zıtlıklar arasındaki köprüdür. Baş ve sonun, iyi ve kötünün, beyaz ve siyahın ortasıdır. Var ile yokun, Yaşam ve ölümün, Cennet ile Cehennemin arasıdır. Araf'ın ifadesi Üç'tür.

Dört güçtür, temeldir ve sağlamlıktır. Oluşumun ifadesidir. Görünen Âlemin gücünü kudretini temsil eder. Dünyanın ifadesi Dört'tür.

Beş, Dünyanın rakamı Dört ile İnsanın rakamı olan Bir'in toplamıdır. Kısaca, insan dünyayı yönettikçe güçlenir. Güç ve Kudretin ifadesi Beş'tir.

Altı, Zaman ve Mekânda var olan insan yaşamının simgesidir. Yaşamın ifadesi Altı'dır.

Yedi, insanın yörüngesinde, yay kirişinin katları, katmanlarıdır. Yedi rakamı, katmanlardır. İnsanın katmanları, dünyanın katmanları, Âlemin katmanları olarak sıralanır. Katmanların ifadesi Yedi'dir.

Sekiz ulaşılması beklenen güllük yeridir. Sekiz, Yediyi ifade eden katmanlardan sonra hissedilecek en mükemmel haldir. Sonsuz Saadetin ifadesi Sekiz'dir.

Dokuz tamamlanma öncesi arınma evresidir. İşte bu evrede insan artık Levh-i Mahfuz'un manasını kavramıştır. Arınma kolay bir yol değildir. Terk manasını idrak eden ve Terkin de Terki kavramına ulaşanların yoludur. Dokuzda tamlık ve bütünlük vardır. Arınmanın ifadesi Dokuz'dur.

On tamamlanmadır. Başlangıç, bir tur dönme, sona varış ve tekrar yenilenmedir. İnsan kendi yörüngesinde, döngüsünü tamamlayamadığı sürece, olgunluğa erişemeyecektir.

Tamamlanma bir tur dönüştür ve Âdem kâinatının merkezine ulaşmadır. On hem başlangıç hem sondur. Orada hem heplik, hem hiçlik kavramı mevcuttur. En kutsal olan dönüşümün, tamamlanmanın, Rabbe ulaşmanın, kendini ve Rabbin tanınması durumudur. Tamlıktır, olgunluktur, hiç bitmeyecek sonsuzluktaki diriliğin duraklarından biridir. Algılama ve anlayışın tamamlanmasıdır. Tamamlanmanın ifadesi On'dur.

Dünyayı ifade eden dört rakamı ve tamamlanma sayısı olan on rakamının çarpımı ile elde edilen sonuç Kırk sayısıdır. Sonsuz aşamalardan geçen, kırklara karışan, kırkı bütünleyen insan Rabbe döner, yani Âdem olur. Artık o bir Âdem-i Kâinat'tır. Kâinatın sırrını çözmüştür. Yüzü Rabbine dönmüştür ve Nuru yüreği ile görmüştür. Merkeze ulaşmıştır. Bunu yaşayanlar, dünya üzerine gelen ermişler, peygamberler, ululardır. İnsan-ı Kâmilin ifadesi Kırk'tır.

Sıfırdan, On rakamına kadar olan sayıların sonsuz yansımasının Kırk rakamı ile sonlandırılması Hallac-ı Mansur tarafından duraklar olarak yorumlanır. Duraklar konusu kitabın başlarında detaylı şekilde aktarılmıştır.

Harflerin Gizli Dünyası

Kamer takip eder Şemsi, onun ışığını yansıtır, ama kör etmez. Şemse bakan bir daha hiçbir ışığa meyl etmez.

Şemsi Harfler: Te, Se, Dal, Zel, Ra, Ze, Sin, Şin, Sad, Dad, Ta, Zı, Lam, Nun

Kameri Harfler: Elif, Be, Cim, Ha, Hı, Ayn, Ğayn, Fe, Kaf, Kef, Mim, He, Vav, Ye

Huruf-u Mukatta, kısaca kesik harfler. Kur'an-ı Kerim Sure başlarında bulunur ve teker teker okunur.

Mukatta Harfler: Elif, Lam, Mim, Ha, Sad, Ra, Kaf ,Ta, Sin, Nun, Ya, Sad, Ayn , Kef

❦

Kameri, Şemsi ve Mukatta harflerin arasından bir kaçını ele alalım. Daha uzun uzadıya bilgi edinmek isteyenler, "Batıni Kapılar, Huruf / Kevser Yeşiltaş" kitabını okuyabilirler.

- **Elif**

(I) Elif, Kâinatı temsil eder. Elifi göremeyiz, lakin Elif olmadan hiçbir şey vücuda gelemez. Elif her şeyin temelidir. Elif olmadan hiçbir varlık Âlemlerde görünür hale gelemez. Elif her varlığın gizidir. Gizil gücü, gizil kuvvesidir. Elif olmadan varlıktan bahsedilemez. Elif rezonanstır. Görünmeyen enerjidir. Varlıksal enerjidir.   Allah'ın, varlıklara bahşettiği sonsuz nimetidir. Bulunamayan Noktadan çıkan Nur, kâinata doğru uzar ve Elif harfini oluşturur. Bu, Yüceliğin yokluktan varlığa doğru yaptığı mistik bir yolculuktur.

- **Be**

(ب) Be, İnsanı temsil eder. Âdem kâinatıdır. Be harfindeki yay şekli kâinatın kendisi, altındaki nokta ise gizemidir. Nokta, yeryüzünü besleyen, destek sağlayan rahmettir. Nokta olmadan Be olmaz. Noktasız bir yeryüzü düşünülemez. Nokta aynı zamanda atomun gücünü, aynı zamanda da Uluhiyetin simgesidir. Bulunamayan noktadır. Secdede alnın toprağa değdiği yer, Be'nin altındaki noktadır.

• Sin

(س) Sin, yay uzunluklarıdır. İnsanın bulunduğu halin temsilidir. Yaradan, yarattıklarına direkt müdahale bulunmaz, her varlığın iradesi en güçlü varlıksal alanıdır ve İlahi kudretin temsilcisidir. Müdahale olsaydı kâinat olmazdı, Kâinat yoksa zaten hiçbir şeyin varlığından söz edilemez. Aynı zamanda Sin harfi aracılığın harfidir. Aracı olan vahiy sisteminin şekli ve sembolüdür. Her varlık, Rabbi ile iletişim halindedir. Rabb insana Can damarından akrabadır.

• Ta

(ط) Ta harfi, oturan insan modelidir. Secde halinden sonra oturup zikr eden, Rabbini anan insan konumundadır. Ta ve Sin bir bütündür. Rabbini zikr eden insan modeli ve yay uzunlukları ile bir bütün halindedir. Yalnız ilginç olan Ta harfinin Sin harfine sırtı dönük olmasıdır. Bu da bir yüzün rabbe bir yüzün kendine dönük olması manasındadır. İnsan varlığı hiçbir zaman yalnız değildir, ancak iradesi oranında müdahale görmez. Görünmeyen Âlemlerden direkt müdahale edilmez. Önce insan adım atmalıdır daha sonra ilahi yardım alabilir. İşte bu yüzden önce insan Ta, daha sonra Rabb ile irtibatı olan Sin ile sembolize edilmiştir. Önce insan iradesi ile bir adım, daha sonra ilahi yardım.

• Ayn

(ع) Ayn, Seçilmişlerin, Nebilerin ve Rabblerine yaklaşanların yay simgesidir. İki yay uzunluğu ile dikey sembolize edilmiştir. Sin Yatay tesirleri simgeliyordu. Ancak Ayn, dikey tesirlerle beslenen, beşer düzeyden çıkan bir varlığı simgeleyen harftir. İki yay uzunluğudur. Kur'an-ı Kerim, İslâm Peygamberi Hz.

Muhammed'in Miraçta Rabbine, iki yay uzunluğu ya da daha yakın mesafe yaklaştığını vahyeder.

• **Mim**

(م) Mim kırktır, sondur sonun başlangıcıdır. Sınırsız ve sonsuz Âlemde, O'nun ve Âdem Kâinatında bir sonun olması şüphelidir. Son varsa yok olma, sınır varsa gelişimin bitmesi ve duvara toslama ile aynı anlamı taşır. Bu yüzden mim sonsuzluğun simgesidir. Dönüşüm her daim devam etmektedir. Tek bir hayatın olması söz konusu değildir.

• **Nun**

(ن) Nun harfî, ilahilin simgesidir. Yay uzunluğu yeryüzünü, üzerindeki nokta ise, Vahyin hiç sonlanmadığını ifade eder. Tanrının Eli daima varlıkların üzerindedir. İletişimi hiç son bulmamıştır. Nun kalemdir, kodlama sistemidir.

• **Vav**

(و) Vav, Yaratıcının dünyasal ifadesidir. İlahi iradedir, bulunamayan, ulaşılamayan, görülemeyen O dur. Onun kendi varlık alanından, varlıkların alanına uzanması Vav'dır. Sevginin ve bilginin yayılışı Vav harfine kodlanmıştır.

• **Ha**

(ح) Ha ve Hı da insanın nefes almasını simgeler. Nefes, Allah'ın Âdeme bahşettiği Tanrısal parçacıktır.

• **Lam**

(ل) Lam , O'nun lütfudur. Varlıklara lütuf vermesidir. Hayat ve Yaşam lütuftur, ıstırap bir lütuftur. "belâ" bir lütuftur. Lam bunları içerir. Rabbin, her zerredeki Lütfudur.

Lam, tek başınalığı ve mücadeleyi simgeler. Her insan, yaşam yolculuğunda yalnızdır. Lam, bu yolculuktaki kararlılığı, emin oluşu ve imanı simgeler.

• Ya

(ي) Ya, varlığın seçkinliğidir. İsim önüne geldiğinde o isim ile tamamlanır ve o isme değer katar. Bir isme sahip olan insanın liyakatini, üstün çabasını ifade eder. Ya Sin, Ya Musa, Ya Rabb, Ya Ali, Ya Muhammed kelimelerinde olduğu gibi, önüne geldiği ismi yüceltir.

Hallac-ı Mansur Sonrası

O "Ben benim" dedi. "Ben varım gayri yok. Âlemlerin Rabbiyim, Yaratıcı Gücüm, Mutlak ve Diriyim."

Biri kudretle yoğruldu, sonsuz ruhtan zerk edildi burnundan da, köke yerleşti o noktacık, tüm Âlemi seyre daldı. Secde etti tüm kâinat ve varlıkları ona. Tayin edildi, Birden iki oldu eşi ile, sonra çokluk olarak yayıldı arz Âlemlerine.

Sin, Nurdan Nura köprü oldu tüm O'nun nebilerine.

Biri O'nu dinledi ve ölçü ile yaptı bir gemi, tennuru ateşledi, herkes suda telaşa iken, o dümensiz ve dumansız ile yol aldı dolandı çiftlerle tüm arzı.

Biri ateşe atıldı da, yakmadı ateş onu. Ateş gül oldu, odunlar gülistanlık, gül bahçesine dönüştü her yeri kapladı gül kokuları. O'nun kudreti ile donatılmıştı.

Biri "bana kendini göster dedi" Belki O'ndan getiririm size bir haber. Dağa nurundan zerre yansıdı da dağ yerle bir oldu. Yardı Rabbin kudreti ile denizi de boydan boya, firavun nefslere mezar oldu. Rabb ile daima konuştu. Kelamı oldu.

ENE'L HAKK

Biri kudretle donatılmış "Hızır gibi yetişti" her daim diri idi.

Biri "sesi oldu" en güzel ilahiler ile imana çağırdı.

Biri yalınayak yürüdü yolunda, tüm öğrencilerine önder oldu, "kendini tanı" dedi, aklın ideali, hakla bütünleşen felsefesi günümüze ulaştı.

Biri oğluyum dedi. Ruhu oldu, "baba beni unuttun" dedi gaflete düşerek asılı durduğu çarmıhta. Işık yandı gönlünde sevgi aktı sımsıcak, göklere kavuştu, ta ki geleceği zamana dek.

Mim gördü. Ayn mesafesinde en yakınlaşandı. İki yay uzunluğu hatta daha da yakındı. İlmini akıttı sonsuzca. İlim oldu.

Biri B'nin altındaki noktayım dedi. İlim şehrinin kapısı olan, sonsuz gücü kah kılıcında, kah aslanı olarak.

Biri şehit olacağını bile bile, yine de vazgeçmedi Hak yolundan, yürüdü Kerbelâ'ya doğru.

Biri "Sübhanım" dedi, cübbemin altında gayri O'ndan başka yok. Bir daha duyarsanız kesin beni kılıçla. Oysa kılıç vurdular da kesmedi. "Bana şükürler olsun" dedi, ama huzur içinde kavuştu Âşka.

Biri Hakkım dedi. Dünyada Hak olmadığını kanıtlamış oldu yok edilerek. Hem de katledilmenin en dayanılmazlığını göstererek. Her acıyı gülerek karşıladı da, bir gül yaraladı bağrını, sessizce "ah" çekerek.

Biri sevgiyi konuştu, sevgi aktı, sevgi oldu, tüm dünya insanlığına sevgiyi öğretti, döne döne dengeledi de, kavuştu düğün gecesine son nefesinde, erdi vuslata. "Hallac-ı yaşasaydı, sırları açığa vurduğum için ben dara çıkacaktım" dedi.
(Mevlana Divan-ı Kebir)

Hepsi Birileriydi. İsimlerinin ne önemi vardı, hepsi Hak yolundaydılar. İlim ve irfanı, özgürlüğü, özgür düşünceyi savundular. Hak yoluna, yol oldular. Işıkları ile aydınlattılar yolları.

Hallac-ı Mansur'un Ene'l Hakk sözü tüm zamanlara ve mekânlara vurulan bir mühürdür. Sonrasında gelip geçenlerin Ene'l Hakk sözü, sadece sözden ibaretti.

Einstein 'in "Her şeyin aslı enerjidir" sözü, bilim dünyasını derinden sarstı. En güvenilen yol olan bilim ile mistiklerin binlerce yıldan beri söylediklerini desteklemiş oldu. Böylelikle, Ene'l Hakk sözü, bilim ile de ifade buldu.

Her şey bir enerji ve o enerji sonsuz güce sahip. Her daim her zerre birbiri ile haberleşmekte. Bu haberleşme, Ayn'dır. Varlıkların birbirine bakışı, Rabbin Varlıklarla irtibatı, Ayn ile simgelenir.

Rabb bize Ayn bakışı ile her daim bakar da biz fark etmeyiz. Bize bizden en yakındır. Zannederiz gökler yarılacak oradan gözleri kör eden ışık yayılacak ve o bizimle konuşacak. Oysa her daim konuşmakta ancak kulakları olanlar işitmektedir. Bize çiçekten bakar, kuşların şarkısı ile iletir, rüzgâr ile eser, aniden birinin bir cümlesinde belirir, Ayn ile her daim iki yay mesafesi yanı başımızdadır da biz perdeliler görmeyiz ve duymayız. O her daim diridir. Asla yalnız bırakmaz. Biz yalnız olmayı seçeriz. "Yalnızım ama ayrı değil, ayrıyım ama kopuk değil, kopuğum ama ışığı her daim üzerimdedir".

Mucizeler bekleriz de mucizenin kendimiz olduğunun farkında bile değilizdir. Her nefes alışımız "ha" ve "hı" bir mucizedir. Evrenin nefes alışı, kalp atışı gibi biz de kalp gibi atarız ve nefes alırız. Mucize biziz.

Ene'l Hakk, bir klişe sözcüktür, mühür fikirdir, düşüncenin özüdür, manayı yıkan anlayıştır, görünenin ardındaki görünmeyeni sunar. Hakkın her daim, çağlar boyunca her suretten nasıl göründüğünü, nasıl kendini açığa vurduğunun ifadesidir.

Hallac-ı Mansur, şehid veli, şehid mutasavvıf, şehid şair olarak ün yapmıştır. İnancın rehberleri olan ve ün yapan Şeyhül Ekber, Sühreverdi, Abdülkadiri Geylani, Sadreddini Konevi, Mevlana Rumi, Yunus Emre, Nesimi, Niyazi Misri, Pir Sultan Abdal, İbrahim Halveti, Feriduddin Attar gibi isimler Hallac-ı Mansur'un sözlerine benzer sözler ortaya koymuşlardır. Ayrıca Mansur'un Felsefesi, doğulu ve batılı birçok bilgin tarafından da araştırma konusu olmuştur ve Mansur hakkında eserler yazılmıştır.

Kendi zamanında, söylediği sözle ve din adına hükümler veren siyasi kadroları ile ters düşen Hallac-ı Mansur şeriat ve kanun tanımazlık ile suçlanmıştır. Gösterdiği mucizeler ve doğaüstü durumlar yüzünden büyücülük ve şarlatanlık ile suçlanmıştır. Tıpkı daha önce mucizeler gösterenlerin düştüğü suçlamalar gibi.

Onu önce zindana atarlar. Tüm dilden dile ve kitaplara aktarılanlar odur ki, kontrol için gelirler, zindanda bulamazlar. Hallac-ı Mansur der ki, "ilk gece O'nun huzurunda idim. İkinci gece gelirler bakarlar ne zindan vardır ne de Hallac-ı Mansur. "İkinci gece O burada idi, o yüzden göremediniz ne beni ne de zindanı. Üçüncü gece gelirler bulurlar Mansur'u. Sorarlar neden göründün, kaçmadın, olacakları bile bile buradasın. "Şeriatın ve dinin hakkını yerine getirmek için buradayım, işinizi görünüz" der Hallac-ı Mansur.

Feriduddin Attar'ın ifadesinde şu geçer. Hallac-ı Mansur zindanda iken, kendisi hariç diğer mahkûmları elinin tek bir şaklatması ile kilitleri açar ve serbest bırakır, kaçmalarına izin verir. Ve der ki "kaçmak varken, dimdik ayakta her şeyi göğüslemek, olacakları bile bile kalmak. Hakkın bana sitemi ve azarı vardır". Bunu duyan devrin yöneticileri, fitne çıkardığını düşünerek ve sözünden dönene kadar üç yüz sopa atılmasını emrederler kendisine. Her sopada "Korkma! Muhakkak ki sen, sen üstünsün" ayetini okur. (Kur'an-ı Kerim, Taha Suresi, 68. Ayet)

İlham akidesini ifşa ettiği, sırları ortaya çıkardığı, sihirbazlık, sahtekarlık ve sihir yaptığı, kendisine açığa vurulan yüce sırları halka aktardığı, yöneticilere karşı geldiği için suçluydu.

Derler ki, çarmıha gerilen ne İsa idi, ne de Darağacına çıkan Mansur'du. Hatta "Ben kutsal ruhum, Göklerdeki Babam" diyen de İsa değildi. "Ene'l Hakk" diye bağıran, yeri göğü inleten de Mansur değil idi. Onların ağzından konuşan, kendini açığa vuran, görünür kılan Evrenin Ruhu idi.

Çünkü her yerde olan, her daim olan zaten her yerde ve her zamandadır. Ayrılık yoktur, kopma ve kopuş yoktur. Bugün Kuantum Fiziği'nin de ortaya koyduğu felsefe budur. Her şey enerjidir ve her daim çok güçlü bağlarla birbirine tutunmaktadır.

Hak çok kereler geldi ancak engellendi. Ölümle engellenemezdi, ancak durdurulabildi. Hak ve hakikat ile davranılmamaktadır. Yine yakındır gelmesi, çok yakındır. İnsanların uyanışı, farkındalığı yakındır. Hak ettiği gibi bir yaşam, tüm kutsal ayetlerin gerçek anlaşılır olması, gerçek bilinen değerlere ulaşması, ve tüm ilahi nebilerin anlatmak istediklerinin idrakine ulaşmak çok yakındır.

Derler ki, zindanda iken günde bin rekat namaz kılarmış. Zindan başı sorarmış "Hani sen Hakkım diyorsun, kime kılıyorsun öyleyse bu namazları". Hallac-ı Mansur "Sen anlayamazsın, biz kadrimizi biliriz".

Derler ki, son gün beş yüz namaz kılabilmiş, nasip olmamış devamını getirebilmek.

Tüm uzuvları kesilmiş, önce, elleri ayakları. Sonra gözleri oyulmuş, kulakları kesilmiş. Burnunu ve dilini de almışlar Mansur'dan.

Kundakta bir bebek gibi kalmış çarmıhta. En yakın dostu Şibli gelmiş ve gördüğü manzara karşısında şaşkın, ancak Hallac-ı Mansur'u acı çekerken değil gülümserken bulmuş. "Ben sana demedim mi el Âlemin işine karışma diye". "Bak ne haldesin."

Onun bedeni yok edildi, ancak fikri, felsefesi, imanı, iradesi ve aydın görüşleri ve söylediği Ene'l Hakk, çağlar boyu nakledile geldi ve Âşk kadar ebedi oldu.

"İki rekât namaz da Allah'a götürür, elverir ki abdesti kanla alınsın ve Âşk içinde kılınsın." **(Hallac-ı Mansur)**

İşte asıldığı yer bugün, Mansuriye diye bilinen yerdir.

Hallac-ı Mansur, kendini zayıf da olsa bir ışık kaynağı olarak tanımlar. Yaşamdaki Ölümü bulan Hallac-ı Mansur, Ölümdeki Yaşamı bulabilmek için yoluna devam etmelidir.

Hallac-ı Mansur'un Bilime ve Felsefeye Katkıları

"Çocuklarınızı kendi çağınıza değil, onların yaşayacağı çağa göre yetiştirin" demiştir Hz. Ali

İşte Hz. Ali'nin bu sözü beni çok fazla düşündürmüştü. Çünkü bilgi ortaya çıktığı çağa uygun olabilir ancak, kendi bulunduğumuz çağa da uygun olmalıydı. Biz bulunduğumuz çağda yaşıyorduk. Ene'l Hakk sözü, çağımız anlayışında düşünülürse, bilimsel bir kelime olarak ele alınabilir. Özellikle yirminci yüzyıla yakın zamanda keşf edilen İzafiyet Teorisi ve Kuantum Fiziği ile çok fazla ortak noktalar vardı.

Ene'l Hakk'taki Hakk sözü, görünen evrenin ifadesidir. Tüm kâinatı içinde taşıyan insanı tanımlar. İnsan Hakkın kudreti ile yoğrulmuş ve tüm isim, sıfatlar özünde mevcuttur. Hak manası, görünmeyenin yansıması olan görünen kâinatı tanımlar. Mutlak'ın, Kâinata damgasını vurması Hakk kavramı içerisindedir. O'na iman etmek bir Hakk'tır. Kâinatta bulunduğun noktada, ilahi irade yasalarına uygun ve tabi şekilde hareket etmek bir Hakk'tır. Hakk varsa batıl yoktur. Sadece Hakk olana ihtiyaç vardır, batıl yani bunun dışında herhangi bir şeye ihtiyaç yoktur.

İslâm Peygamberi Hz. Muhammed "Beni gören Hakkı görmüştür" demiştir. Burada ben kelimesi, bütünsel varlığa işarettir. Ben kelime manası, kişiyi değil, bütünün ortaya çıkardığı "insan" manasını taşımaktadır. Çünkü Hakk mana itibari ile kudret ile yoğrulmuş ve tüm isimlerin ve sıfatların öğretildiği insan prototipinin madde dünyasında görüntüsüdür ve tüm bunların bütünü Hakk'tır. Hakk vardır, başka bir şey yoktur. Başka bir şeyden söz edersek ancak puttan yani iğva plânından, bozdurucu ve azdırıcı plandan söz etmiş oluruz ki bunun enerjisi, bizim bulunduğumuz enerjiden çok daha düşük seviyededir.

Hakk sözü, ancak ve ancak bütünsel olarak düşünülürse kelime anlamı yerini bulur. İki nokta arasında görünen mesafe değildir. Bu yüzden bütün her şey, görüneni ve görünmeyeni ile Hakk'tır.

"Âlemi Ekber içimizdedir" sözü, Ene'l Hakk kavramını ve Kuantum Fiziğini ortaya koyan bir anlayıştır. Kuantum Kuramında "Hem dünyanın içindesin, hem dünya senin içinde" ifadesi güçlü yer tutar. Kuantum felsefesi ve bilimi bize "hem hem" mantığını sunmuştur.

Doç. Dr. Haluk Berkmen "hem hem mantığını şu şekilde açıklamaktadır. "Bu mantığa göre karşıt kavramlar temelden yoktur ve bu karşıtlıklar bizim beynimizin ürünüdürler. Karşıt kavramlar birer zan iseler, kaçınılmaz olarak vahdet, yani teklik kavramını kabullenmek durumunda kalacağız. İnsanlık henüz o noktaya ulaşmış olmasa da oraya doğru yaklaşmakta olduğunu söyleyebiliriz."

Gördüğümüz her şey aslında bir yanılgı. Çünkü biz parçayı görüyoruz. Her ne kadar parça bütünü yansıtsa da, aldatıcı ve zahiridir. Bütünü göremediğimiz için de sadece ayrıntılarla, zihnimizde oluşturduğumuz bir dünya ve kâinat tasviri yapıyoruz. Oysa bütünü görenlerin söyledikleri o inanılmaz sözleri ise yanlış anlıyoruz. İşte Ene'l Hakk sözü karşıt kavramların bütünü ile ele alınmış ve bütünsel bir anlayışın ifadesidir. Parçanın değil. Oysa Ene'l Hakk sözü, parça olarak algılanmış, Hallac-ı Mansur'un Tanrı olduğu düşünülmüş ve yok edilmek istenmiştir. Ortadan kaldırılan sadece parçadır. Yani Hallac-ı Mansur'un fiziksel bedeni. Oysa ortadan yok olan da bir şey yoktur. Tüm görünen ve görünmeyen bir bütündür, hiçbir şey yok olmadığı gibi hiçbir şey de yoktan ortaya çıkmaz. Yoktan var eden sadece Mutlaktır ve geri kalan yaratım işlemi de varlıklarına aittir.

Hakikat tektir, fakat yansıması sonsuzdur. Bakış açında hangi "yansıma" varsa, içinde olduğun realitende (gerçekliğin de) o "hakikattir".

İşte "zaman mevhumu" burada ortaya çıkar. O hakikatte hangi vakte kadar kaldığın ya da görüş açındaki yansımada ne kadar seyr-e daldığın, senin zamanındır. Zaman tektir ama kişinin realitesine göre değişkenlik gösterir. Hiç yok olmayan, daima var olan, çoğalmayan ve artmayan manası, Kuantum Evrenini tasvir eden bir anlayıştır.

Kuantum 'un keşfi, bir atomun diğer atomlardan kopmadığını, çok güçlü enerji boyutu ile bağlı olduğunu, hiçbirinin bir diğerine dokunmadığını, arada mesafe olduğunu ve bu mesafenin daima esir maddesi ile korunduğunu ortaya koymuştur.

Kuantum dünyasında bir kopuş, bir ayrılış söz konusu değildir. Her şeyin özü atom ve atom partikülleridir, fakat görünürde çeşitlilik ve farklılıklar söz konusudur. Bu farklı ve çeşitli görüntüler atomun özelliğini bozmamaktadır.

Kuantum dünyasında ayrılış, ayrılmak kopmak imkânsızdır. Bir atomu parçalarından ayırsanız dahi, atomun çekirdeğine yapılan bir müdahale, diğer parçalarının da aynı müdahaleye uğradığını ispatlamıştır. Bu da her parçanın bütünden ayrı olmadığını, kopmadığını, görünmez bağlarla en yüksek seviyede enerjilerle bağlı olduğunu ispatlamıştır. Aynı ifade Spiritüalizmin temelini oluşturan "benzer benzeri çeker" "parça ne ise bütün odur" ifadesi ile bağdaşmaktadır. Ve mistiklerin binlerce yıl önceden söylediği "her şeyin aslı hayaldir" sözü ile aynı manayı taşımaktadır. Daha ne elektron mikroskobu ne de Kuantum keşfedilmemişken İslâm Âlimi İmam Rabbani "Maddenin içi, dolu gözüktüğü halde aslında boştur." (İmam Rabbani 1563-1624) diyebilmiştir.

Partikül teorisini dünyada ilk olarak belirten İslâm Âlimi Nazzam ise "Madde, sonsuz denecek ölçüde parçalanabilir." (Nazzam 792-845)

Atom altı dünyasında, kuark ve leptonlar, kuvvet taşıyıcı parçacıklar aracılığı ile etkileşime girerler ve görünür maddenin tümüne vücut verirler.

Madde moleküllerden, moleküller atomlardan meydana gelir. Atomları oluşturan da elektron ve çekirdektir. Atomun isim babası Demokritos'un "bölünemez" dediği atomlar da "bölünebilir" çekirdek ve elektronlardan oluşmaktadır.

Kuantum Bilimi'nin ortaya koyduğu maddenin %99'unun boş olması, bu boşluğun da esir maddesiyle kaplı olduğu gerçeği, "Hiçbir şey Rabbinden gizli ve uzak olamaz" Kur'an-ı Kerim, Yunus Suresi, 61.Ayet'te vahyedilmiştir. Bu boşluk, boş yere var olmamaktadır. Bu boşluk ilahi sevgidir. Boşluklar ilahi sevgi ile kaplıdır ve atom altı dünyası, haberleşmenin an zamanda yapıldığı bir ortamdır.

Aslında her şey söylenmiştir. Ancak parçaların "birleştirilmesi gerektiği" bir zaman gelmiştir. İşte o zaman, bu zamandır. Parçaların birleşme hareketini Bilim'de görüyoruz. Kuantumun keşfi, bize yeniliklerden ve ispatlardan haber vermektedir.

Kuantum evreninde, uzaklıklar ve mesafeler çok önemli yer tutar. Uzaklık ve mesafe sadece görüştedir, oysa bir galakside olan her şey o anda tüm kâinatın her zerresinde hissedilir. Bir planette değişim olduğunda, bu tüm Kâinattaki varlıklara ulaşır. Değişkenlik her zerreye nüfuz eder. Zerre ne ise kül de odur. Yani zerre ile kül arasında görünen mesafe, farklılık ve çeşitlilik sadece anlayışlara uygunluk bakımındandır. Yoğunluk ve titreşim bakımındadır. Biz bilincimizin ve beynimizin bize titreşimimiz boyutunda gösterdiği evreni görmekteyiz. Ayrı, kopmuş, güzel, çirkin, büyük, küçük, beyaz, siyah, aydınlık ve karanlıklar gibi sıfatlar taktığımız bir evren görmekteyiz. Aslında beynimizin titreşim frekansları daha farklı titreşseydi daha farklı şeyleri görüyor olurduk.

Okültistler, parapsikologlar, metafizik ve metapsişik ile uğraşanlar hiçbir şeyin hiçbir zaman kaybolmayacağını bilirler. Herhangi bir zamanda mevcut olmuş ya da meydana gelmiş olan her bir sahne fiil, düşünce ve şeyin, hiç değişmeksizin "yüksek bir madde plânında" korunduğuna inanırlar. Bu Akaşik kayıtları Astral âlem yansıtır ve zaman duru-görürlüğünü geliştirmiş olan ve bu geçmiş ya da gelecek olan olayları aynen bizim televizyon seyretmemiz gibi izleyebilen, ileri seviyeden zeki varlıklar için ulaşılabilir haldedirler.

Kuantum felsefesinde parça bütün ilişkisi mevcuttur. Parça bütünün bilgisini taşır. Parçanın başına gelen bütünün başına gelir. İkisi ayrılmaz bir bütündür. Çünkü her şey enerjidir. Bir atom kâinattaki tüm atomlarla 'an' zaman içerisinde enerji ve bilgi alışverişi yapar. Her şey her şeyle etkileşmektedir. Bir atomun bildiğini, diğer tüm atomlar bilmektedir ve biz insanlar da dahil tüm evren atomlardan oluşmuştur. En küçük yapı taşı atomdur. Ve tüm atomların yaşı, kâinatın ilk ortaya çıkış tarihi ile aynıdır. Ve bilim adamlarınca tespit edilen bilgi de şudur. Kâinat oluştuğundan beri tek bir atom dahi yok olmadı, tek bir atom dahi çoğalmadı, ne varsa odur. Somdur. Eksilme ve çoğalma söz konusu değildir. Böyle bir şey olsaydı denge ve düzen bozulurdu.

Bu bilgilere bakılırsa, kâinatta hiçbir şey kaybolmuyor. Hiçbir şey yok olmuyor ve ölmüyor. Tüm batıni ekollere bakarsanız, hepsinde ölüm sonrası hayat inanışı mevcuttur. Toprağa ve doğaya saygı inanılmaz boyutlardadır. Çünkü bilir ki dünyaya yaptığını kendisine de yapmaktadır aynı zamanda. Ve evrenin en ücra köşesinde bulunan bir gezegene de yapmış olur.

Kuantum felsefesinde hiçbir şey kaybolmaz sadece dönüşür. Çünkü her şeyin aslı enerjidir. Enerji kaybolmaz, çoğalmaz, vardır ve alanını her daim korur. Ürettiğimiz tüm düşünceler evrende enerji ortamında etkileşir ve kaybolmaz. Biz yaşadığımız her hali, DNA'ya aktarırız ve DNA'da bilgisi kayıtlı kalır. Ve öldükten sonra toprağa karışan bedendeki DNA, yaşanmışlığın izlerini toprağa kayıt eder. Ve o topraktan besleniriz aynı zamanda. Ve tekrar yaşayanlara geri döner kayıtlı bilgiler. Etkileşim ve mistik tekrar edişlerle bu şekilde devam eder. Sürekli sirküle eden, dönüşen, asla kaybolmayan, bilginin sürekli kayıt halinde olduğu bir evrende yaşıyoruz.

Hepimiz yıldızların külünden yapıldık. Güzelliğimiz, içerdiğimiz atomlardan değil, onların bir araya geliş biçimindendir. **(Carl Sagan)**

Her şeyin özü aynıdır. Atomdandır. Ama bir araya geliş biçimi farklı. Birlik, aynılık değil çeşitliliktir. Herkese göre her şey değişir, herkesin farkındalığı ve anlayışı farklıdır. Bu farklılıktan bütünlük doğar. Aslında olmakta olanlar bütünü Tek'tir. Fakat iki kutupludur. Çekim güçleri eşit olan bu iki kutbun enerjisine gönlümüz nasıl meylederse, biz de belli bir zaman içerisinde o enerjiyle besleniriz. Bu, belli bir zaman içerisinde meydana gelir. Çünkü kimse o iki kutba takılıp sonsuza kadar beslenemez. Çekim gücü olan kutupların, aynı oranda itiş gücünden, diğer kutba gidiş sonra ihtiyaç oranında tekrar dönüşler meydana gelir. Tekâmülün ana gayesi de bu değil midir?

Kutuplardan maksat, pozitif ve negatif kutuplardır. Hayrın da şerrin de O'ndan olması meselesi. İkisi bir bütündür ve bütünün iki farklı kutbudur. Biri öğretir geliştirir, diğeri besler. Beslerken öğretir, öğretirken geliştirir ve her halükarda besler.

Hatırla uyarısı, Kur'an ayetlerinde tekrarlanan bir kelimedir. Bir uyanıklığı da beraberinde getirir. Zaten mevcut olan bilginin tekrar açığa çıkması, beyindeki merkezlerin çalışır hale gelmesidir. Kuantum evreninde, her şeyin her şeyle etkileştiği, kâinatın bir zerresinde meydana gelen bir değişikliğin, an saniyesinde tüm evrende bilindiği, yayıldığı ve tüm zerrelerin atomların an saniyede birbirleriyle haberleştiklerinin doğrulanmasıdır. Kuantum evreninde, her şey bilinir olmaktadır. Bu da insan olsun, gezegen olsun, taş ya da yıldız olsun hiç fark etmez her şeyin özünde bilinen bir gerçek vardır ve o daima hatırlanmaktadır. Fakat sadece insan unutmuştur. Ona çağrı yapılmaktadır. Hatırla çağrısı.

Oysaki Dinler insanları henüz yaşarken ulaşmaları gereken doğru yolu göstermek için gelmişlerdir. Doğru yol nedir?

Doğru yol olarak bahsedilen, O'na yolculuktur. Bu yolculuk, henüz ruhun bedeni terk etmeden olmalıdır. Eğer bu yola girerseniz henüz ruhunuz bedeninizdeyken Hakka yani, Âşka ulaşırsınız. Kısaca, emanet olarak üflenen ruhun, tekrar aslına dönmesidir. Bu ancak bedenliyken olmalıdır. Vaad edilen cehennem Ateşine girerek, yani arınarak değil. Çünkü dünya hayatında insana belli bir süre tanınmıştır. Belli uyaranlarla, bu süre zarfında hatırlanamayan emanet, ateşle arındırılarak yapılır. Ateşe girmeden yani arınmadan, ruhun beden içindeyken, yani madde boyutunun en kaba titreşimindeyken hatırlaması istenir.

Yaşam bize verilen en mucizevi andır. Bu mucizevi dokunuşun kıymetini bilmeliyiz. Ölüm kapısından geçene kadar, yaşam bize sunulan en güzel seçenekler bütünüdür. Yaşam, kâinattaki en muazzam ortamdır.

Kâinatta, birçok yaşam platformları (zeminleri) mevcuttur. Her biri, ruh ve maddenin alışverişinin ortak kombinasyonudur. Her birinde, seçenekler sonsuzdur. Hatırlama ise, gelişime ve olgunluğa bağlıdır. Maddenin çekim enerjisi öyle kuvvetlidir ki, sonsuz güce sahip olan ruhun misafirliğini yaparken, ona hayal edilemeyecek kadar bir unutmayı da sunar. Ruh, madde ile alışverişte iken, ne olduğunu unutur. Çünkü maddenin çok muazzam baş döndüren bir enerjisi vardır. Kafa karıştırır, hayal ettirir, düşler kurdurur ve zemin hazırlar. Madde ortamı, madde atomu, kendi bütünlüğü içinde muazzam enerjisi ile, çeşitli oyunlar tertipler, yaşamda kazanılacak tecrübelerin seçimlerini sunar. Bu seçimlerde ruh, kendi özündeki bilgiyi, ışığı yansıtmaya çalışır. Fakat maddenin enerjisinden etkilenir ve bu alışveriş her zaman şöyle sürer: Ruh kendi özünü, madde işbirliğindeyken unutur. Unutmalıdır ki, yaşam layıkıyla yaşanabilmelidir. Kanunlar böyle işler. Ruh ancak, madde işbirliğinden koptuğunda, ölüm anı gerçekleştiğinde, kendinin ne olduğunu anlayabilir ve döngüyü tamamlamak için sonsuz seçenekleri değerlendirir.

Madde ve ruh ayrılamaz bir ikilidir. Birbirlerine paraleldir. İkisi de yücedir ve ikisi de sonsuzdur. Bir üstünlük ve bir önderlik yoktur. İkisi de her bakımdan eşittir.

Dünya üzerinde kaç milyar insan varsa, her bir yürek için bir anlayış, bir yorum, bir beklenti ve bir soru olacaktır. Fakat ortak Nokta ve ortak kader değişmeyecektir. Arayış kâinat var oldukça sonsuza kadar bitmeyecektir. Bu çeşitliliğin, farklılığın, zıtlığın, çokluğun, renkliliğin, en anlamlı tarafı da bütünü oluşturmasıdır. Bütün'sel anlayış, her olana saygı duymaktır. Yoksa her şeyin aynı, benzer, birebir tıpkısı olması beklenemez.

"O tüm kâinatı ve canlıları yarattı, kendi varlığıyla ilgili ipuçları bıraktı. Arayıp bulalım, çaba gösterelim istedi."

Ben, Yaradan'ın sır olarak kalmasından yanayım. Çünkü O, O'dur. Mutlak'tır. Bulunamayan Nokta'dır. Varlığı ile ilgili ipuçları, zaten kâinatın kusursuzluğunda, şaşmaz düzeninde, düzensizliğin bile muhteşemliğinde, bizim için yeterli olmalı. Yoksa dokunduğumuz, bildiğimiz, gördüğümüz bir Tanrı, ancak put olurdu. İnancımız putlaşmaktan öte gitmezdi. O, O'dur ve Bulunamayan Nokta olarak İnsan gönlünde kalmalıdır.

Kâinatın yapı taşı insan, insanın yapı taşı atom, atomun yapı taşı kuantlar ve daha da ileri boyuta gidildiğinde takyonların evrensel yapıcı gücü anlaşıldığında, belki biraz daha Hakikate yaklaşmış olacağız. Görünen ve görünmeyen arasında arayışlarımız, hep devam edecektir. Gerçeği bulana, gerçek bize verilene ya da gerçeği hatırlayana kadar. Belki gerçek çok basittir ya da değildir. Önemli olan tek şey, herkesin kendi gerçeği ile karşılaşması ve hatırlamasıdır.

Tüm arayışlarımız içerisinde anlamlı olan tek şey Bizleriz. Bizim sevgimiz, bizim Âşkımız. Bizi bir arada tutan sevgi enerjisi, atomları bir arada tutan sevgi enerjisi, gezegenleri bir arada tutan sevgi enerjisi.

Sevgililer olarak, tüm kâinatı anlamlı kılan Bizim Sevgimiz ve Âşkımız. Arayışa olan Âşkımız, Allah'a olan Âşkımız, bilinmezliğe olan Âşkımız, bilgiye olan Âşkımız. Sonsuz boşluğu biraz olsun anlamlı kılan Bizleriz. Önemsiz, ama bir o kadar değerli KA'yıb'larız.

Şiirler ve İlhamlar

Kitabın bu son bölümünü, Ene'l Hakk kitabını yazarken, Hallac-ı Mansur Âşkına hissettiğim duygulara ayırdım. Bu duyguları da, şiirsel bir dil ile aktardım. Takdir edersiniz ki, O büyük Sufiyi anlamak ve anlatmak çok zor. Kabul ediyorum. Ama yine de tarif edilemez bu duyguları, bir bir kaleme aldım ve bu başlık altında topladım. Her biri benim yüreğimden Hallac-ı Mansur'un ruhuna yazılmıştır. Her bir satır, Mansur'un kendi zaman diliminden ve bulunduğu mekândan akarak ruhumu dolduran Âşkına adanmıştır.

O, gökyüzünden bakan göz değildir, O senin gözünden Ayn bakışıdır. Senin gözünden görendir. O her zerreden bakar, ayrı ayrı zamanlarda ve zamanı belli olmayan bir anda. Aniden belirir ve bakar. Çünkü her zerre zaten O'na ait. Devamlılığı sağlamak için kırk durağı da geçmiş olman gerek. Tamamlandığında, bütünlendiğinde, O'nun eli ayağı olursun, O'nun bakışı senin, senin bakışın O'nun bakışı olur. İşte tam iman hali, tam teslimiyet hali budur. Temiz, duru, dosdoğru bakış ile ilettiğin, O'nun bakışı ile bir olur. Herkese nasip olmaz, olan ise O'nun öz dostudur. O ancak öz dostları ile bakar, görür ve nurunu akıtır. Ruhsal hiyerarşi, Hakk düzeni şaşmaz, her daim tanzim edilmiş ve dosdoğrudur, doğruluk içerir, tertemiz ve şaşmaz bir düzen içindedir. İşte tüm gözler tek göz, tüm bakışlar tek bakış olduğu anda, dünya Hakk düzenine kavuşmuş olacaktır. Tüm hakikat işte o zaman sunulacak ve beslenme ilahi plândan olacaktır. Kuantum sıçrama denilen bu sıçrama, iğva plânından ilahi plâna doğru olacaktır.

İnsanlık tek ve bütün olarak bunu yapabilecek kudrettedir. Hakk düzeninin gelip, durdurulduğu zamanlardan, yeni çağın tekrar Hakk düzenine kavuşacağı zamanlar yakındır. İşte o zamanlar bu zamandır. Gerçek sevginin dünya için Hakk olan nuru akacak ve yeni dünya düzeni sevgi plânı çerçevesinde hakikat ışığı altında yeniden aydınlanacaktır.

❦

Canımın tek sahibi
Âşkımın tek sahibi
Kalbimin tek sahibi
Gözlerim senden gayri görmez
Sadece seni koklar yüreğim
Seninleyken cennetim
Sensiz, nerede olduğum belirsiz.
Kaybolmuşum uçsuz bucaksız ummanda
Kanatsız, kolsuz, ve ayaksız.
Binlerce doğru, tek doğru sensin,
Heryerdesin, gerisi yok
Öteler yok.
Uçsuz bucaksız dağların
Sonsuz semaların
Belirsizlikte bir Nur

ŞİİRLER VE İLHAMLAR

Nurların Nuru
Kavuşmak olsa sana
Senden değilsem
Nasıl Dönerim Sana
Susuzluğun ötesinde
Tüm renklerin gerisinde
Tüm bilinenlerin belirtisinde,
Tüm Aşıkların gönüllerinde
Tüm sırların sırrında
Tüm noktaların noktasında
Tüm seçilmişlerin sözlerinde
Tüm yaratılmışların özünde
Tüm dokunuşların bilincinde
Tüm ışıkların sahipliğinde
Tüm yıldızların sonsuzluğunda
Sen varsın, gayri yok.

☙❧

"O, benim içimde kendini tanıdı. O ben olarak, bedenimin ve ruhumun içinde kendini buldu ve tanıdı. Ruhum ve bedenim aşamaları geçti ve perdeler kalktı, O ben olarak benim içimde tezahür etti. O benim ve ben de O demek tamamen yanılgıdır. Gerçek küfrdür. Hiçbir zaman O, ben, ben de O olamayız. O ve yaratılanlar aynı değildir, sadece O, benim içimde kendini tanır, kendini açığa vurur. Kendini açığa vurandır. Ancak ben açanları keşf ettikçe, O bende kendini tanır ve her keşiften sonra, O bende kendini açığa vurur."

☙❧

Tüm perdeleri kaldırdın oldu mu?
O yücelik, kuru beden içinde oldu mu?

ENE'L HAKK

Bunu mu bilmek yoksa içindeyken dışarıyı mı bilmek?
Dışardan içeriyi mi anlamak?
Sonsuz debi deryadaki bir damla suyun,
Hangi sonsuzluktaki noktasını anlamalı?
O damla nerede, derya nerede?
Baş mı son mu? Yoksa tek mi olduğunu?
Çözünüp yükselirken göğe,
Ne zaman akacak bir yağmur olacak da kavuşacak yeniden
O muhteşem bedenine.
Ne zaman anlayacak,
Derya da O, yağmur da O, damla da O.
Daha ne kadar sürecek bu Âlem-i devre.

❧

"Eğer kendini boşlukta, yalnız ve çaresiz, hatta unutulmuş hissedersen, bu senin kaybındır. Çünkü insan olmanın özelliği, insan olarak neler yapabileceğinin mücadelesidir. Zorluk ve kolaylık yan yana yürür, arka arkaya değil. Zorluk içindeysen seninledir kolaylık. Kolaylık içindeysen zorluk da seninledir. Cesaret, yardım dilenmek değil, neler yapabileceğini gösterme gayretidir.

Neden mutsuzdur insan? Neyi nerede aradığı önemli. İstemek çare değildir, çünkü özgürlük benimle, mutluluk benimle, huzur benimle, sonsuzluk benimle, yaradan benimle. Mutsuz kişi bunları göremeyendir, fark edemeyendir. Yeni zaman, tüm sahip olunanların açılma zamanıdır. Açamadığın için göremezsin, perdeleri aralamadığın için göremezsin, göremediğin için de inkâr edersin. Açanları bir bir keşfettikçe perdeler açılır ve açığa vurur kendini O."

❧

Işıyıp Kaynağa geri dönen Nur
Nurdan Nura akıştır ifşası,
Göründü bizim gibi bedenli, arkadaşdı
İnsandı, bizdendi,
Ancak Nur kaynağından yansıyan bir ışımaydı.
Bir ışıdı ve kendi kaynağına geri döndü.
Nurun nuruydu, bilgisi O'ndandı, arkadaştı
Sapmadı, yalan konuşmadı, gönlü gördüğü şeyi yalanlamadı.
Nurdan nura nakildir ifşası,
Okudu açıldı, kendini açığa vuran ile
Mim di lakabı, sondu nebilerden
O'nun Nuru, O'nun vasıtasıyla aktı arza
Gökler gibi arz da Nurla doldu.

☙❧

"Tüm kademeleri geçtim ve ruhumun perdeleri bir bir yırtıldı, O bende kendini açığa vurdu. O kendini bende tanıdı. O ve ben bütündük, bir bedende iki ruh gibiydik, lakin şarabın saf su ile karışması gibiydi. O ve ben birdik ama aynı değildik, birbirine karışmıştık. O kendini bende tanıdı, ben de kendimi O'nda. Beni gören Onu da görmüş olur, Onu gören ikimizi birden görmüş olacaktır. Bana bakan gözlerin, gözlerimden O'nu görecektir. Sesimi duyan kulakların, O'nun sesini de duyacaktır. Ten en büyük perde değil midir O'ndan beni ayıran. Ayrı koyan, ayrı imiş gibi görünen. Tendir araya giren, perdedir. Oysa arada mesafeler, kesafet olarak görünen."

☙❧

Çıkılmaz doğruluk dairesinden korunmasızca,
Arşı didar yakar kavurur küle döndürür.
Çıkmadan daha yan kavrul kül ol ki,

ENE'L HAKK

Hiçbir şey seni yakamasın, kavuramasın, hiçbir şey sana
dokunamasın.

Arşın her noktasına varmak için korunmasız
Yan ki kavrul ki, ölmeden ölesin
Tevhidi ehil ol ki, canın da şad olsun yüreğin de.

※

"O bana sırrını açıkladı, benim kim olduğumu açıkladı. Bu dünyada bir damla iken, öbür dünyada derya olacağım, derya iken O'nun ummanında bir damla olacağım. Tüm zamanların bir lahzası, tüm mekânların bir arşını, O'nun ummanında bir damla olacağım. Bal dedim ağzım bal mı oldu, her çiçekten bal mı oldu, her ağaçtan bal mı aktı. Her kuyudan zemzem suyu mu olur, her ağaçtan bal mı akar, her çiçeğe arı mı konar, her su tatlı mı olur, her derenin suyu soğuk mudur, her bahar aynı ağaçta çiçek mi açar. Ben çiçeğim demekle, arı bal olsun diye hangi yaprağına konar. Ben Hakkım demekle Hak mı olunur. Ben benlikten geçerim ki, gerçek benime kavuşmak için. Harab oldum, ölmeden öldüm, dirildim Hakk ehline kavuştum. Müridlikten, şeyhlikten, ululuktan, yücelikten vazgeçtim. Ne fakirlikteydi gözüm, ne parada, ne şöhrette. Bir baş istediler sundum, benden sonralara selam olsun. Söz acıdır, ağızdan çıkar, baş keser, söz acıdır, ağızdan çıkar, taşı keser. Söz tatlıdır, Ene'yi okşar, zengin eder, sarhoş eder. Söz acıdır harab eder, Âşk eder, Âşk eyler. Hepsi Ene'dir, hepsi Ene'yi besler."

※

Asıl kaynaktan içtim kana kana.
Nurum kaynaştı Gerçeğin Nuruyla.
Kanım bütünleşti Gerçeğin Kanıyla
Ruhum bütünleşti Gerçeğin Ruhuyla

Onadır tüm özlemim, Onadır tüm amacım
Dönüşüm her daim O'nadır, diridir diri olanıdır
Ölümümdedir yaşamım,
Yaşamımdadır ölümüm, ölmeden öldüm dirildim.
Asıl kaynaktan içtim doydum
Ne eyleyeyim dünya malını, isteyen alsın doya doya
Ten kafesinden can bülbülüm uçsun
Uçsun kanatlarını kırsın, kanatsız kavuşsun.
Can-ı canan bülbülüm uç kanatsız kavuş Hakka.
O dur gerçek hakikat, gerçeğin asıl kaynağı
Nurun nuru, Yücenin yücesi, O dur mutlak
Tüm dönüşler O'nadır
Dar dan çıktım yola
Bakınmadım sağa sola
Çevirmedim başımı
Doğruluk giysisi ruhum huzura erdi
Asıl kaynağına geri döndü.

❧

"Ben Ene'likten vazgeçtim, Ene'l Hakk dedim, beni O'na kavuşturanlara selam ola.

Ne sağımda melek, ne solumda şeytan, hiçbirine uymadım, dinlemedim, ben Hakkı istedim, O'na kavuşmaktı niyetim, bir baş istediler sundum, beni kavuşturanlara selam ola.

Ne dava, ne keramet, ne ululuk, ne şan ne şöhret, ne ibrik, ne seccade, ne tespih, tek istediğim Hakka kavuşmaktı. Bende tezahür eden, benim ruhumda, bedenimde kendini açığa vurana kavuşmaktı, bedenimin perdelerini yırtmak, ruhumun perdelerini kaldırmak, Hakka vuslattı, beni kavuşturanlara selam ola.

ENE'L HAKK

O'ndayken ayrı düşmüşlüğün harablığını, bedenin fakirliğinde, kendini açığa vuranın genişliğinde, ruhumun perdelerini tek tek parçalayarak, ten kafesinden ayrılmak, gönül bülbülümün gülün kokusundan sarhoş olup harap olan kanatlarını kırmak, kanatsız Âşka uçmak. Uçuranlara selam ola. Artık ne kanada ihtiyacım var, ne de başa. Benim Âşkım kanatsız uçan kartal iken, ne gül kalır ne de kokusu. O'na kavuşmak için hiçbir engel kalmaz iken, tek bildiğim O'nun ummanında bir damla olmak, tüm damlalara selam ola.

Sureti geç, gönüle bak. Gönüle giren, dipsiz kuyuya dalan gibidir. Karanlıktır ama sonu aydınlıktır, ferahtır. Acılarla dolu yolculuğun huzura kavuştuğu andır, inciye kavuşan için nice hikmetler mevcuttur. Nice inciler vardır, O'na götüren nice yollar ve karanlık kuyular. Karanlık senin gözlerindedir. Gönül gözünün karanlığının kuyuya yansımasıdır. Gönül bir kez aydınlandı mı, en karanlık dipsiz kuyuya şems olur. Kendi ışığını bir kez yakan bir daha ışığa ihtiyaç duymaz. Yolunu kendi bulur. Her yol mubahtır, her insanın yolu ayrıdır. Her gönül kuyusunda bulunan inci, bulan kişiye aittir. Ona özeldir. Ben hakkım demekle inci mi buldum. Ben hakkım demekle başı sundum. Ben hakkım demekle hakk oldum, hakka vuslat oldum. Vuslat oldum, dünyadan geçtim, ışıdım geri döndüm. Kırıldı gönlüm, harab oldu. Ne varsa ben de var. Ne varsa kırık gönlümde var, O'nu görmek isteyen kırık gönlüme baksın, O kırık gönüllerde var. Yol açanlara selam ola.

Hakk aşığıyım gönlüm harab, gezerim ayaklarım arşta, başım Hu'da. Tozar gönlüm bülbül olur ten kafesinde şakır, Âşk Âşk diye, bülbülümün kanatları kırılmış şakır Ene'l Hakk diye.

Dünyayı neyleyeyim, neyleyeyim cenneti, neyleyeyim huriyi, asıl kaynağı isterim kana kana içmek, o kaynakta damla olmak, akmak delicesine. Sonsuzluğun en sonsuzluğu, zamansızlığın zamansızlığı, yüceler yücesi, şanı büyük O, asıl kaynak nurların nuru, gerçek kaynak, sana kavuşmaktır tek isteğim, senin yansımandadır tüm gerçeğim, yansımanı gördüm, gülün kokusunu aldım, çağırını duydum, sen gönlüme fısıldadın, Can damarımdan yakın olanım, ten kafesimde kendini açığa vuranım, sen ki, sana kavuşmaktır tüm arzum. Bir baş istediler sundum, Hakka dır vuslatım.

Âşk Âşk derim, erimek isterim, iki değil bir olmaktır derdim, harab olmuş yüreğim, kırılmış tüm kanatlarım, uçarım enginlere, gözlerim âmâ, kulaklarım sağır, yolum sadece Âşkadır, Ene'l Hakk'tır sözüm, başka söz bilmem, kelamım nicedir, dert olur, alır başımı sunarım, vuslata kavuşturanlara selam ola.

❧

Elimi bağladılar, ayaklarımı da
Oysa bilmezler ki
Ben yine dolanmakta
Âlem Âlem, arşı
Dolaşmayı bilenler için
Nice yollar vardır göklerde
Görmesini bilenlere
Nice gözler bahşolmuştur

Gözlerimi aldılar benden
Gördüm yine Efendimi
Ne vakit kavuşurum sana
Beklerim dünü gün
Sayarak her anı
Susadım da kızıyorum nefse
Yine galip geldi bana
Ah ah bir damla su ile kavuşsam sana

ENE'L HAKK

Uzattılar da içemedim
Senin suyun daha diri,
Pınarların serin

Âşk bende nicedir
Sahibi ne yücedir
Seslenir de ta içeriden
Kimse duyamaz
Kimse göremez
Zindandayım kara zindanlarda
Demirden kafeslerin arkasında
Cehennemin en karanlığında
Dünya zindanından kaçış olsa
Benim zindanım gönlümde
Kaçış ne mümkün ola

Âşkınla oldum harabe
Tevhidinle oldum kıyame
Dirildim öldüm, öldüm dirildim
Kavuşmak isterim Sana hasretle
Ne kaldı bende gam
İstemem ulaşmak kedere
Sevincim acımı unuttu bile
Bir umman dolu su olsa
Gidermedi yandım hasretinle yine yine...

Bir ayağım dolanır arzı
Bir ayağım arşınlar kâinatı
Kollarım kavuşur
Kucaklar da dünyayı
Hırsla hareket eden ayaklarım

Doymak bilmez isteklerle Rabbe yönelen ellerim
Sürekli ifşa eden dilim
Sesini işitmekte olan kulaklarım
Gayri yok artık.
Gaybdaki bedenim ile ne dilesem
Dileklerim maddesel olabilir mi?
Kalbim et parçası bıraktım onu
Başım Dar'da
Küllerim ise rüzgâra savruldu,
Akan kanım Ene'l Hakk didi
Dağlarla taşlarla aynı Anda
Dilediğim ancak Sensin.
Bendeki Sen, Sendeki Ben
Kim bana baktı Seni Gördü
Kim her yana baktı, Seni gördü
Bir ağaç ki ne ağaç
Allah'ım dedi,
Ben Hakkım derim, başka ifşa edemem.
Sana kavuşmak için Dara geldim
Ölümümdedir yaşamım
Yaşamımdadır Ölümüm
Sonsuz ebede kavuşmaktır amacım
Gayri gecikmeyin
Zaman Kavuşma Zamanı
An Vuslata Erme zamanı
An Başı Vuslata verme zamanı
An Tevhid akidesini yemek
Cam-ı Nardan içmek
Kırmızı ebede ulaşmak
Sekize ermek Mim olmak
Gayrı O var

ENE'L HAKK

O'ndan gayrı yok

Öyle bir Nur ki
Nurlardan bir Nur
Alevlerden bir Alev
Ne toprak, ne su, ne yel
Yetmez oldu gayrı
Söndürmeye alevi Narı

Görmez olur gözlerim
Duymaz olur kulağım
Karanlıkta tek ışık
Aydınlatır yürekleri
Yürekler Tek yürek
Sesler Tek ses

Nereye baksa seni görür
Olmadığın yerde
İzlerini arar durur bu yürek
Her rüzgâr esintisi
Getirmese de kokunu
Yine de takip eder sürer izini
Vazgeçse de duymaktan sesini
Kulaklarım isyanda
Nereye kaçsam
Bulur yine beni
Ya dalgaların coşkusunda belirir sesinin tınısı
Ya da böceklerin şarkısında
Sessizliğin kendisi de
Zaten hep hatırlatır seni

Gölgenle avunurum ben
Yansımaların yeter bana
Yankılarını getirir nasıl olsa Rüzgâr
Yine de avurunum ben.

Suyun serinliği yeter mi
Yangınları söndürmeye
Denizin maviliği
Örter mi üstümü?
Engel olur mu üşümeme?
Bir yudum su ile
Kavuşurum yine sana

Güneşin gölgesine sığınırım ben
Ayın ışığında ısınırım.
Rüzgârınla savrulurum
Koklarım toprağı kokun yerine
Yine de avunurum ben.

Binlerce taş alsam da koynuma
Senin bir gülün yetiyor yüreğimi dağlamaya
O gülün dikeni dağlıyor, halden anlayana
Parçalara ayrılıp savrulsa da rüzgâra
Her bir zerreyi toplamak
Binlerce yıla bedel

Taşıyor Mansur seni de her yere
Dokunduğu her ağacın kabuğuna
Kaldırdığı her taşın altına
Her dere kenarına
Gömüyor yüreğini Mansur
Seni de birlikte

ENE'L HAKK

Ruhun O'nun sesiyle yankılanırken,
Görüntüsü, beyninde
Her kıvrıma tutunmuş, ... bırakmıyor.
Eriyip yok oluyor Mansur
Sesini her duyduğunda

Geçtiği yerdeki izlerini gören gözlerin mi, yoksa yüreğin mi?
Karanlığın en karanlık anında ne kadar aydınlatıyor ışığı?
Sesi ne kadar kılavuz oluyor, yolu yeniden bulmana?

Duyabiliyorsan
Çağırıyorum seni sonsuzluktan
Gel ... gel artık.... Al Mansur'u
Dardayım, gel... gel artık al beni.
Yalpaladım tutunacak ne dalım
Ne kimsem var senden başka
Bir sen var gayri yok,

O'nun ruhunun derinliklerinde
Ne kadar zamanda kaybolabilirsin?
Bu kayboluşu kaç asır yaşatabilirsin?
Yüreğini toprağa bıraktığında,
Ruhun derinliklerinde
Var edebilir misin O'nu ..... yeniden .... her seferinde ..
Kaç defa peşinden gidebilirsin,
Tüm kâinatı dolaşman gerekse de...
Hayatlar boyu aradığının O olduğunu anladığında.

El Mansur dedi;
Heryerde seni arar dururmuş meğer bu yürek

Bulduğu kendinden başkası değilmiş
Anladım ki artık
Sen - Ben, Ben-Sen olmuş
Sonsuzlukta seyr eden Tek bir Yürek imiş.

Kızgın güneşin altında
Su dedi inledi Hallac-ı Mansur
Su vereni olmadı,
Kızdı nefsine, bir damla su için
İnledi diye.
Yalpaladı Hallac-ı Mansur
Dar'a giderken
Ne elinden tutan
Ne de bir damla su...
Vereni yoktu Hallac-ı Mansur
Başımın tacı
O'nun Öz dostu Hallac-ı Mansur
Elinde cam-ı narı
İç kadeh kadeh Hallac-ı Mansur
Ten kafesinde bülbül
Öter Âşk diye
Şimdi her yerde ötüyor
Âşk Âşk Âşk,
Esiyor rüzgâr
Mansur Mansur
Getirmese de geri seni
Bir şehit-i Âşk yatıyor
Her zerrede,
Her nefeslik havada
Her yanan ateşin alevinde
Her toprağın kokusunda

ENE'L HAKK

Her damla yağmurda
Sesleniyor tabiat
Hallac-ı Mansur
Hallac-ı Mansur
O değil ama O'ndan
O O dur
Gayri yoktur.

❧

Âşk başkalaştırır, beni benden alır, Âşka uçan başkadır, değilse Âşka uçmamıştır, Âşka uçmak için kanatları aramak zaman kaybıdır, kanatsız uçmaktır, harab olan gönül bülbülü, ne eder gülü. Âşk değil midir, yağmuru yağdıran, suyu buluta, bulutu suya dönüştüren, Âşkla toprağa kavuşturan. Tüm tohumların içine zerk olan, kendini açığa vuran. Toprağın deli gibi kaynaşması değil midir kavuşması Âşıkların. Su toprağa sevdalıdır, güneşin yakıcılığına aldırmaz, Âşkla dönüşüme aldırmaz, buharlaşıp gökyüzüne çıksa da elbet bilir tekrar ineceği zamanı, sabırla bekler, Âşk başkalaştır insanı. Eser rüzgâr, çakar şimşek, ağlar bulut, su kavuşur yine Âşkına, Âşkların kavuşmasına eşlik eder tüm kâinat. Erir biter görünmez olurla da sen bilirsin yine bakarsın buluta, işte damla yine oradadır.

❧

Bir kuş, uçuyor çift kanadı ile,
Sevgiliye ulaşma çabasında
Kanat çırpıyor uçuyor, sonsuzca.
O'na kavuşmak maksadı ile.
Soruyorum nereye uçuyorsun.
Kuş, "sevgiliye"
Sevgili nerede

Uçuyorum ben manasızca,
O'nu bulmak ve O'na kavuşmak
O'na dönmek için.
Diyorum sessizce "O heryerdedir, neredesiz"
O her şeyi duyar, her şeyi görür, heryerde, mekânsızca ve
zamansızca.
Mana ve kavram dışına çıkıp kanatları koptu kuşun.
Kanatsız kaldı kuş, uçamadı ve manalar, biçimler denizine
düştü ve boğuldu.
Çünkü O heryerdeydi, her şeydeydi, mekânsızdı ve duyandı,
görendi.
O'na uçmak, O'na kavuşmak neydi o zaman.
Kavuşmak, kopmuş muyduk,
Uçmak, ondan ayrı mıydık,
Görmek, onun dışında mısın ikilikte misin,
Ondan farklı mısın.
Yargılayacak kadar mesafeli misin.

❦

Her nefeste Hu, her nefeste Hu, cevap verir çağrıma, her nefeste Hu, oradadır, canımdan candadır, canımdan parçadır, cevap verir kendini açığa vurur da neden yüzünü göstermez apaçık ortaya çıkmaz. Gönülde gizli bir sır, gizli bir hazinedir, her nefeste çıkar, her nefeste girer, her Hu'da gizlidir de kendini göstermez. Suretlerden münezzeh, açığa vuran da gizli olanda. Gönüle giden her zerrede, incidir o, noktadır, eliften noktaya yolculuktur. Eliftir, dünyada gönlün noktasıdır. Eliften noktaya yolculuktur, kendini açığa vuran. Kendini açığa vuran giz, her gönülde sırdır saklanır. Suretlerde değil, her nefeste dışarı çıkan ve tekrar ten kafesine geri dönen, gönül kafesinde şakıyan bülbüldür, gül kokusundan sarhoş olan, harab olan, kırık gönüllerdedir, kendini açığa vuran."

❧

Gönül gözüyle gördüm Rabbimi
Sordum; Kimsin Sen, dedi Sen.
Yoktur senin için neredenin yeri,
Zaman ve mekân ile sınırsız, sonsuzsun,
Bağlı olduğun hiçbir şey yok, şeylerden uzak,
Zamandan bağımsız,
Mekânsız,
Akıl kifayetsiz kalır,
Gören gözler kör,
İşiten kulaklar sağır karşında,
Tek varlık ki, tüm buradaları kuşatan, alan, açığa çıkaran,
Tüm neredelerin cevabı olan hiçbir yerde bulunmayan
O muazzam, kelimelerin yetersiz olduğu
Sonsuz kere sonsuzluk,
Zaman öncesi zamansızlık
Varoluş öncesi hiçlik,
Can veren, hayat veren,
Nefes veren, yaşamın daimi
Diri ve görünendeki her zerre
Senin olmadığın hiçbir yer
Senin olduğu her yer
Neredelerle sınırsız
Ne lerle ilişkisiz
Biçimsiz tüm biçimler
Kavramsız olan tüm kavramlar
Tek Hakikat ve diğerleri yalan olan
Gerçekliğin Gerçekliği

Mekânların mekânsızlığı,
Ruhların Kaynağı
Nurların Nuru
Işıkların ışıkları
Varoluşun sırrı
Engin Hakikat denizinin ummanı
Bulunamayan Nokta.
Her şey O'ndan ama O değil
Her şey O'nun ama O değil
Her şey O'nun yansıması ama O değil
Hakikatin hakikati ama O değil
O tek varlık, görünende ve görünmeyende
Tek varlık, tek sahip, tek yücelik
Kelimelerin, aklın, ruhun anlayışına
Erişilemeyen tek Varlık
Bulunamayan, bulunamayacak olan Nokta.

❧

"O'nun benliği, benim benliğim içine sızdı, benim benliğimi ele geçirdi ve benim benliğim O'nun sonsuzluğu içinde kayboldu eridi, zerrelere ayrıldı, ve hiçlendi. Artık benim benliğim yok, O nun benliği var. Beni benden alalı fazla zaman olmadı, o zamandan beri harab haldeyim, bir an bile beni yalnız bırakmadı, bana sırrını açıkladı, sırrı sırrım oldu, bana fısıldadı benimle konuştu. Şimdi sizlerle, benim ağzımdan, benim vasıtam ile konuşuyor. O benim yüreğimi kapladı, yüreğimden konuştu, bilgi ile donattı, doğarak ondan ayrılmamı ve bu yaşa kadar geçen sürede ondan ayrı kalmışlığımı tamamladı ve şimdi artık ben yokum sadece O var."

❧

ENE'L HAKK

Hangi deniz, dalgasından,
Hangi Dağ, kayasından eskidir?
Ummandan aldığın bir tas su,
Ummanı eksiltir mi?
Ummana döktüğün bir bardak su
Ummanı çoğaltır mı?
Bir avuç toprağı alıp, fezaya da savursan
Ne değişir?

Daima Hayy olanda
Hiçbir şey eksilmiyor,
Hiçbir şey çoğalmıyor,
Sadece dönüşüyor.
Hiçbir şey doğarak çoğalmıyor
Ölerek de eksilmiyor.
Doğum ve ölüm sadece dönüşümdür
Eksilme ve çoğalma değildir.
Kâinatta hiçbir varlık doğmuyor ve ölmüyor.
Kâinatta eksilme ve çoğalma yoktur.
Çokluk ve eksiklik sadece Bilinçlerde, Algılarda.

Hiçbir şey diğerinden üstün değilse
Her biri kendi yörüngelerinde salınıyor,
Hiçbir zerre birbirine dahi deymiyorsa
Alanları çakışmıyor, birbirlerine yetişmiyorsa,
Hayy dengede ve düzende ise
Firavunlaşmak niye?

Kâinatta hiçbir varlık
Aynı AN'da
Zamanı ve Mekânı paylaşamıyor.

ŞİİRLER VE İLHAMLAR

O'nun katında sadece AN varsa
İki varlıktan söz edilebilir mi?
Hala neden BEN? Neden SEN?
Daima Hayy!

༓

"Ey her candaki gizli hazine, her harab gönüldeki inci tanesi, her kanatsız kuşun, gizli kanadı. Ey gönüllerdeki zahiri, suretlerdeki mana. Ey Hakkım, Ene'l Hakkım, sana kavuşmaktır amacım, manadadır tüm sırrım, sırrını açığa vuran, kendi ten kafesimde açığa vuranım. O beni seçti, diğerlerini seçtiği gibi. Sonsuz kopuşlardaki içtiğim Âşk iksirini, arza doğarak unuttum, o vakit kendini hatırlattı, benim benliğim O'nun benliğinde eridi yok oldu, hiçlendi. O'nun benliği benim benliğimi kapladı, ele geçirdi. Tüm bedenim ve ruhum O'nun benliği oldu ve birbirine kaynaştı, ayrılmayacak şekilde. O yine bende kendini açığa vurdu, daha önce de öz dostlarında kendini açığa vurduğu gibi. Bu sefer beni seçti, benim dilimden konuştu, benim bedenimde açığa vurdu. Kanım aktı Oyum dedi. Çünkü tüm arz O'nun. Tüm kâinat O'nun. Ondan ayrı mı ki her şey. Zaten her şey O, her yer O. Her şeyin hükmü O. Dağ taş, ova, dere, ağaçlar canlılar Ondan. Ondan olmayan nasıl dönebilir Ona. Ancak Ona dönmesi için Ondan olması gerek. Kanım aktı Oyum dedi, dağ taş inledi Oyum dedi. Tüm sular, tüm toprak, tüm ağaçlar, tüm dağlar taşlar Oyum diye inledi. Kanım aktı toprağa, külüm savruldu rüzgâra Oyum dedi. Çünkü her şey O'nun, her şey Ondan. Ondan olmayan nasıl dönebilir yine Ona. Farklı olan nasıl döner Ona. Ona döneceğine inanman için Ondan olduğunu kabul etmen gerek."

Hiç, sana ait olanın, sende olmadığını düşündün mü? Sana ait ama sende değil. Senin ama sende değil. Baktın ama göremedin, uzandın ama dokunamadın, seslendin ama işitemedin. Her yerde aradın ama bulamadın.

❦

Senin olanın yokluğu, ateş gibi yaktı mı seni.
Önce alevlendi, yaktı kavurdu tüm bedenini.
Yanan bir kora dönüştü, kor alevi dağladı tüm yüreğini.
Soğudu soğudu da bembeyaz bir aleve dönüştü.
Beyaz alevin yakıcılığı,
Kor ateşten de öte dağlarmış insanı.
Şimdi anladın mı nasıl yanarmış insan.
Kendinde olmayanın yokluğunu,
Hissettiği her an.

❦

Âşkta soru yoktur.

Sorarsın "Nerede" diye, ondan ayrı mısındır? Sorarsın "nasıl", ondan farklı mısındır? Sorarsın "neden", onun dışında mısın? Sorarsın "niçin", yargılayacak kadar mesafeli misin? Sorarsın "kim", görecek kadar ikilikte misin?

Bütün olduğunla, Bir olduğunla hangi soruyu sorabilirsin. Soru varsa, ÂŞK'ta değilsin.

❦

Mana ondan mı çıktı,
Yoksa
O mu manadan.
Temelinden yıkıldı
İsmi mana olan,
Tüm hesapların ötesinde
Tüm vaadlerin ilerisinde

Dağların tepelerin, gözün gördüğü "şeylerin" ilerisinde
Zat'a en yakın üç yay uzaklığında
O'na en yakın iki yay uzaklığında
Ve daha da yakın
Ayn mesafesi kadar uzak mı yakın
Gördüğü ne idi
Onu tekrar gördü Rabbi idi
Bakışları bir an tereddüt etmedi
Hiç yönünü değiştirmedi, ne sağa ne sola
Kalbi, gönlü ve dil ifşası birdi
Gördüğünü yalanlamadı
Yalan da konuşmadı
En yakın halden en uzak hale
En uzak halden, en yakın hale
Korkusu saygıydı,
Saygıdan korku doluydu
Zahiri Ben'i değildi konuşan
Arzuları değildi akan
Sadece Nurun nuruydu kendini açığa vuran
Gerçeğin Gerçeği, Asl olan
Biçimlerden uzak, Mekânsız ve Zamansız
O, O dur Nurun Nurudur, gerçekliğin gerçeğidir
Gördü o, O'nu
Ayn ve Bayn yakınlığından
Ne gözü kaydı,
Ne haddi aştı
Olması gereken yerde
Tam oradaydı
Zahir ve Batın sadece O'nundur
Tüm Kâinat ve Yaratılmışlar
Tespih eder O'nu

Tüm varlıkları ve mevcudiyetleriyle
Secde ederler O'na
Yalnız O'na.
O'ndan başka olmayan
Her şeyi bilen, duyan, gören
Göz, kulak, idrak ve anlayış
Mekânsız nokta
Zamansız nokta
Sonsuzluğun, hiçliğinde nokta
O'nun rehberi o
Kanıtlayıcısı, Kâinatın efendisi
İnsanın efendisi
İnsanın şanlısı
İnsanın yücelisi
Onun kalbi açıldı, arındı, temizlendi
Kalktı bulutlar, indi bereket
Kâinatın sırrı aktı Nurundan
Geçti "şey"lerin ötesine
Varlıkların kayıtlısı
Levhanın da ötesine
Biçimlerin biçimsizliği
Biçimlerin de ötesi
Orada ne dil vardır ne de biçim
Ne kavram vardır, ne de düşünce
Orada sadece
Dönüşüm vardır
Ulaşılan son merhale
Son merhalenin başlangıcı
Sonun başlangıcı
Son ve başlangıçtır
Bitmeyen sonsuz döngünün

ŞİİRLER VE İLHAMLAR

Sonu ve başlangıcı
Özün özü O
Melekut Âlemi
Ermişler ve Ölmeden ulaşanlar
Yayılır sonsuzca daireler
En dış çeperde insanlar
Çokluk Âlemi
Çırpınır durur insan noktayı aramaktan
Harap ve bitap düşer de
Vazgeçer, şaşırır acizdir
Yorulur, yorgun düşer
Meşakkatli yolun her bir adımı
Noktaya yaklaşmaktır amacı
Amaç her durakta unutulur
Unutulur da sarhoş olur
Sarhoş olur da gönül bülbülü
Ne de gülün kokusundan
Mis gibi kokar giz bahçesinde
Ayan beyan yaklaşır
Yanılır da sanır Ene'sini
Gerçekliğin Beni,
Avunur dalar Doğruluk denizine
Kanat arar uçmak için göğe
Kanatları sırtındadır lakin
Yorar uçamaz, takatsizce
Yığılır kalır kan ter içinde
Hiçlikle ulaşılan mimle
Çağrıyı alır düşer boğulur
Doğruluk denizinde
Kavramları geçer de bir bir
Ulaşır O'na ipine

Çağrıyı alır yüreğinde
Işığı görür, meyleder ilerisine
Ulaşır bidayete
Sırrın sırrına vakıf olur ki
Her bidayet başlangıç
Son değildir.
Aradığı nokta ise
Yüreğindeki enginlikte
Açılır yayılır
Açığa vurana yönelir
Artık O'ndandır amma
Haşa O değildir.
O'ndandır amma
Haşa O değildir.
Hakikat gerçeğidir, amma
Hakikatin kendisi değildir.
Hakikattendir amma
Hakikat değildir.
Ben benim
Evren evrendir
Âdem Âdemdir
O, O'dur.

❦

"Ölüm yoktur dönüşüm vardır. Ben öldüğümde dönüşürüm. Bedenim toprağa karışır, börtü böceğe yem olur. Börtü böceği hayvanlar yer, ya da bitkilere gübre olurlar. O hayvanları, bitkileri insanlar yer, ve ben yine her insanda beden olur, tekrar dirilirim. Beden ölmez, toprak olur, insan topraktan beslenir, yağmur da topraktan akar. Hiçbir şey ölmez her şey dönüşür. Hiçbir şey yok olmaz, her şey dönüşür. Her daim diri olan ölür mü? O yüzden benim ölümümde yaşam, yaşamımda ölüm vardır. Yaşarken öldüm, öldüm ve dirildim. Dönüşümle tekrar hayat buldum. Bir bedenden yüz beden, yüz bedenden yine bir beden olur. Bin can, bir can, bir can bin cana dönüşür. Çünkü tüm insanların yaratılışı bir can yaratımı gibidir. Binlerce ruh yoktur, binlerce can yoktur, tek bir can vardır tek bir ruh vardır ve sadece O vardır. Her şey O dur, O'ndan yansır ve tekrar ana kaynağına geri döner.

Hiçbir varlık vaadle hareket etmez. Ortada vaadleri kaldırdığında asıl O'na iman eden ile etmeyen ayrılır. Tüm vaadler O'na ulaşmak için merdiven basamakları gibidir. O basamakları çıkarak O'na ulaşacağını zanneder. Oysa varlığın ulaşmak istediği, sadece cennet kapısıdır. Cennet için O'nu sevmek, O'na inanmaktır amaç. Oysa O ile nefs arasında hiçbir engel yoktur. O nefsin her fısıldadığını duyar ve bilir. O'nun her şeyden haberi vardır. O tüm nefsleri duyar ve Can damarından akrabadır. O zaman cennet ve huri ile vaadler hiçbir varlığı O'na ulaştırmaz. Çünkü cennet de cehennem de insandadır, nefstedir, yüreğinde ve gönlündedir. O'ndan ayrı kalmak cehennemi, O'nunla olmak cennetidir.

Hakk'a kavuşmak cennetim, Hakk'tan ayrı düşmektir cehennemim, bilesin ki kor beyaz ateşlerdeyim, ödülleri ne edeyim, her iki cihanda da ÂŞK'adır özlemim."

🙶🙷

Öyle sırlar var ki, ararsın durursun ömrün boyunca.
Gösterdiğin çaba ve liyakate göre bulduğunu zannedersin.

Ne zaman ki, vazgeçersin dalarsın dünya işlerine.
İşte o zaman sana gelir, o tüm aradığın sırlar bir bir peşi sıra.

ENE'L HAKK

İnsanlar buna mucize derler, sen ise saklarsın yüreğinde.
Ne aradığını bilene, bir çiçeğin akşam vakti örtünüp
Sabah güneşi ile yapraklarını olabildiğince açışı bile yeter.

Ne zaman ki, gölgen vazgeçmiştir peşinde olmaktan,
Güneş olması gereken en yüksek noktadadır,
Sırrın sır olmadığını anladığın Vakit
İşte Olman gereken en iyi durumdasındır.

❧

İnsan «ne» aradığını bilir ama «nerede» aramaktan hiç bıkmaz. Mutlak, "neredelerin" içinde değildir. O, O'dur, gayri yoktur.

Ben O'nun sevgisi üzerineyim, ben O'nun varlığı üzerineyim, ben O'nun yaratılmışlığı üzerineyim. Ene Hüveyim. Ben O'yum, O'nun bendeki yansımasıyım. O ben olarak yansıdı ve zahirde görünür oldu. Doğruluk kıyafetiyle ten kafesine haps oldu. Kuş oldu gönül sırrında Âşk şakıdı. Gülün kokusundan harab oldu ve gülün dikeni ile yaralanıp kanı aktı. Kan toprağa damladı ve toprak oldu. Kuşun ölü bedeni toprağa düştü ve dönüştü. Oysa kuşun ruhu kanatsız uçtu, Hakikat kuşuna kavuştu. Makbul olan kanatsız uçmak ve Hakikat Kuşuna kavuşmaktır.

❧

İster idim hakikati, buldum ise ne oldu
Ağlar idim dünü gün, güldüm ise ne oldu
Bir ışıdım gördüm cümle Âlemi
Kaynağıma döndüm ise ne oldu
Hakikat bilgisi açıldı ruhuma
Yırtıldı ise perdeler ne oldu
Verdim bir baş, aldım camı

İksir dolu bardağı içtim ise ne oldu
Ten kafesimde şakıyan bülbül
Ene'l Hakk didi dünü gün
Aktı kan söyledi Mansur
Yaratıcı hakikatim dedi ise ne oldu
Esti rüzgâr, canı canandan
Kabardı nehrin suları aktı ise ne oldu
Duruldu dünü gün ben bitab
Düştüm yine harab, kavuştum ise ne oldu
Hakikat gerçeğim ifşası
Dilden dile aktarıla geldi
Ruhtan ruha akanları
Duymazlarsa ne oldu.

❧

En büyük kibir, O olduğumuzu zannetmek,
O olmak başka, O'ndan olmak başka.
O, Odur, Âdem, Âdem, Ruh da Ruhdur.
Her bir yaratılmış, mükemmel Öz'dendir, ama asla O değildir.
Bütündür, Birdir, ancak asla Aynı, iç içe, yapışık değildir.
O, aynılığı sevmez, bütünlük ve teklik, çeşitliliktedir.
Haram olana yasak olana el uzatırken de kibirlenip, kendini eş tutmamış mıydı O'nunla insan.
İşte insan olma özelliğini orada yitirmemiş miydi?
O'ndan olduğunu unutmuş, O olduğunu zannetmişti.
Yasaklanana ilgi duymamış mıydı?
Kimi "dinlemişti" o sırada,
O'ndan olduğunu unutarak,
Çünkü "dinlediği" de "balçıktan birine secde etmem, senle benim farkım ne?" dememiş miydi?

ENE'L HAKK

İşte "dinlediği" tarafından sınanıyor.
Ne zaman "dinlediğini" duymayacak,
Gerçek iman ateşi o zaman yanacak.
Gerçek insan, beşerlikten kurtulacak.
O olduğunu değil, O'ndan olduğunu hatırlayacak.
Açanlara kavuşmadıkça,
Kâinat büyüklüğünde bir nokta olarak kalacak.
Oysa hatırlayacak,
Kâinat gücünde bir zerre noktacık.
Noktanın içinde, nokta onun içinde.
Hem kâinatın içinde, hem kâinat onun içinde.
O'ndan ama O değil.

❦

O her yere nüfuz eden her zerrenin sonsuzluktaki bütünlüğüdür. Mutlak, nüfuz eder, her bir fırça darbesinden tuvale akan damla boyaya, hem de tüm damlaların bütünleşerek ortaya çıkardığı kusursuz bir şaheser tabloya.

❦

Işığın olmadığı yerde gölgeler,
gölgenin olmadığı yerde güneşler olur mu?
Güneşin olmadığı yerde insanlar,
insanın olmadığı yerde cennet olur mu?
Cennetin olmadığı yerde ateşler,
ateşten köprüler üzerinde ayak izleri
Çiğnenmiş toprağın olmadığı uzak yerlerde
çağlayan ırmaklar olur mu?
Ruhların olmadığı yerde yaşam,
yaşamın olmadığı yerde zaman olur mu?
Zamanın durduğu yerde Sen,

Sen'in olmadığı tek bir rüyam olur mu?

❦

Bir küre içerisinde bir noktacık. Bir nokta ki, görünmeyende tüm Âlemler onun içinde. Bir nokta ki görünende tüm Âlemlerin içinde. Görünende Âlemlere hayat veriyor, görünmeyende Âlemler ona. Aynı kâinatın kalp atışı gibi. Nefes alan kâinat gibi, yıldızların göz kırpan ışığı gibi.

Görünende her şeye bakıyor, duyuyor, anlayamıyor, parçaları birleştiriyor tek tek, bıraktığı izleri takip ediyor, delillerin peşinde.

Görünmeyende her şeyi görüyor, işitiyor ve bilgisi, noktanın her yerinde mevcut.

Görünenle görünmeyen arasında nabız atıyor Nokta. Her KA'yıb'ta Nokta tekrar doğuyor, tekrar ediyor, döngüsünü tamamlıyor ve görünende tekrar hayat buluyor, her seferinde tekrar görünmeyende hayat veriyor. Her döngüde hayat veren ama hatırlayan, her döngüde hayat bulan ama unutan. An mesafesinde, görünmeyende hayat veren Nokta, görünende hayat bulan KA'yıb Noktaların sonsuz büyüklükteki bedeni içinde tekrar doğuşlar döngüsünde.

Görünende dev bir beden içinde KA'yıb nokta, görünmeyende ise Tek bir nokta.

Bir var oluyor, bir yok oluyor. Görünende çoklukta, heplikte, varlıkta, sınırlılıkta, görünmeyende yoklukta, hiçlikte, sonsuzlukta vücud.

❦

O O'dur.
Ve başka hiçbir şeydir.
O vardır, başka hiçbir şey yoktur.

ENE'L HAKK

O'nun için var demek bile manasızdır. O Odur, gayri yoktur.

O zahirdir ve Batındır.

O her şeyi duyan ve görendir.

O her şeyi bilendir.

O yeryüzünün ve göklerin sahibidir.

O'nun kürsüsü yeri ve göğü kapsar.

O ezeldir ve ebeddir.

O baş ve sondur.

O görünen ve görünmeyen her şeyi kapsar.

O tüm mevcudiyettir.

O ruhların ve bedenlerin yaratıcısıdır.

O vardır gayrı yoktur.

O her zerrededir, Ahaddır.

O tüm mevcudiyettedir Vahiddir.

Ondan öte her şey yoktur, O her şeydir Sübhandır.

Odur, Ezel, başlangıç, Özün özdeki noktası,

yansıma seçilmişler ve O'ndan olan melekiler,

yansıması seçilmişler nurların nurları,

yansıması nurlar Âlemi,

yansıması görünmeyen Âlem,

yansıması görünen Âlem ebed.

İnsan O değildir.

O insan olarak açığa vurur enerjisini

Seçilmişlerde

Öz dostlarında

Sonsuz kopuşlardaki

İçirdiği Âşk sihiri ile

Açığa vurur kendini

Mahluk Mahluktur

İnsan İnsandır

Beşer Beşerdir

İnsan O değildir

O insan olarak açığa vurandır

༓

I

Sordum; "Efendim bu "nedir"?"
Cevap verdi yine o gülen sesi ile "Ölümüne sevmek nedir bilir misin? İşte böyle sevmektir. Ölümüne sevmek."

II

Sordum; "Efendim "nasıl"?"
Cevap verdi "kulakların varsa tüm gücünle duy, gözlerin varsa tüm olanınla gör, ayaklarınla dolaş, ellerini Hak ve iyilik için kullan. Tüm düşüncenle iman et, gönlün ile konuş, fikrini, gönlünü bir tut. Yoksa onlar seni yok eder, köle ederler."

III

Sordum "Efendim. "Kim"?"
Cevap verdi "Arıyorsan ikiliktesin. Kâinatta iki varlık olamaz. Sen ve ben olamaz. Tek O vardır. O, Odur. Her şey O'ndandır. O'ndanlık doğmak değildir, ayrılmaksızın kopuştur, kopmaksızın çeşitliliktir, çoğalmadan görünen çokluktur. Bir konuşan yoktur, konuşma ancak çarpma ile mümkündür. Aksedecek bir cismani yoktur ki ses duyulsun. Ses daima seninledir, sendedir. Var gücünle işit ve Hatırla!. Ne gidilecek ne de varılacak bir yer yok, yer yoktur, mekân ancak gördüğündür, aldatıcıdır. Tüm gücünle gör ve Hatırla!

IV

Bize hiçbir şey inmiyor, verilmiyor, kopmuyor, gelmiyor, uzamıyor. Bizatihi biz çekiyoruz, hatırlıyoruz, açıyoruz. "Açan" anlayışlara ve idraklere kavuşmamız ve "Açan"larımızın bol olması dileği ile. Bir "sen" olduğu sürece "ben", bir "siz" olduğu sürece "biz" ve "O" olacaktır.

V

Doğrusunu kim bilir? O bilir...

❧ ❧ ❧

Esinlenilen Kaynaklar

Kur'an-ı Kerim Meali Prof. Dr. Hüseyin Elmalılı

The Tawasin of Mansur Al-Hallaj 1974

Hallac-ı Mansur ve Eseri Prof.Dr. Y.Nuri Öztürk 1997

Hallac-ı Mansur'un Çilesi İslâm'ın Mistik Şehidi Louis Massignon and Herbert W. Mason, (Hallaj: Mystic and Martyr) 1994

Kuantum Fiziği ve Felsefesi Kevser Yeşiltaş 2017 Demos Yayınları

Tavasin Hallac-ı Mansur

Ene'l - Hakk: Ben Tanrıyım Yaşar Günenç

Hallac-ı Mansur Menakıbnamesi Dr. Mustafa Tatcı 2008

Kozmos: Evrenin ve Yaşamın Sırları Prof Dr. Carl Sagan 1982

Albert Einstein İzafiyet Teorisi (Relativity The Special and General Theory) 1996

Ibn 'Arabi: The Enlightened are Not Bound By Religion, Kevser Yesiltash 2017, Bookcity.Co

Tevhid Sırları: Mevlana Öğretisini Kavramak, 2017, Kevser Yeşiltaş, Bookcity.Co